BIBLE PUZZLES

FOR THE WHOLE YEAR

by

Kathryn L. McKee

STANDARD PUBLISHING
Cincinnati, Ohio

Edited by Theresa Hayes
Page design by Bryan Kotter
Cover design by Listenberger Design Associates

The puzzles in this book are based on the King James Version of the Bible and on the International Sunday School Lessons. The International Bible Lessons for Christian Teaching, copyright © 1991 by the Committee on the Uniform Series. Used by permission.

The Standard Publishing Company, Cincinnati, Ohio
A division of Standex International Corporation

Printed in the United States of America

01 00 99 98 97 96 95 94 5 4 3 2 1

ISBN 0-7847-0118-0

Spying Out Jericho

Week 1

Can you conquer this crossword puzzle of 89 words from the second chapter of Joshua? The number given in the clue refers to the verse in which you may find the word, if you don't guess it from the clue.

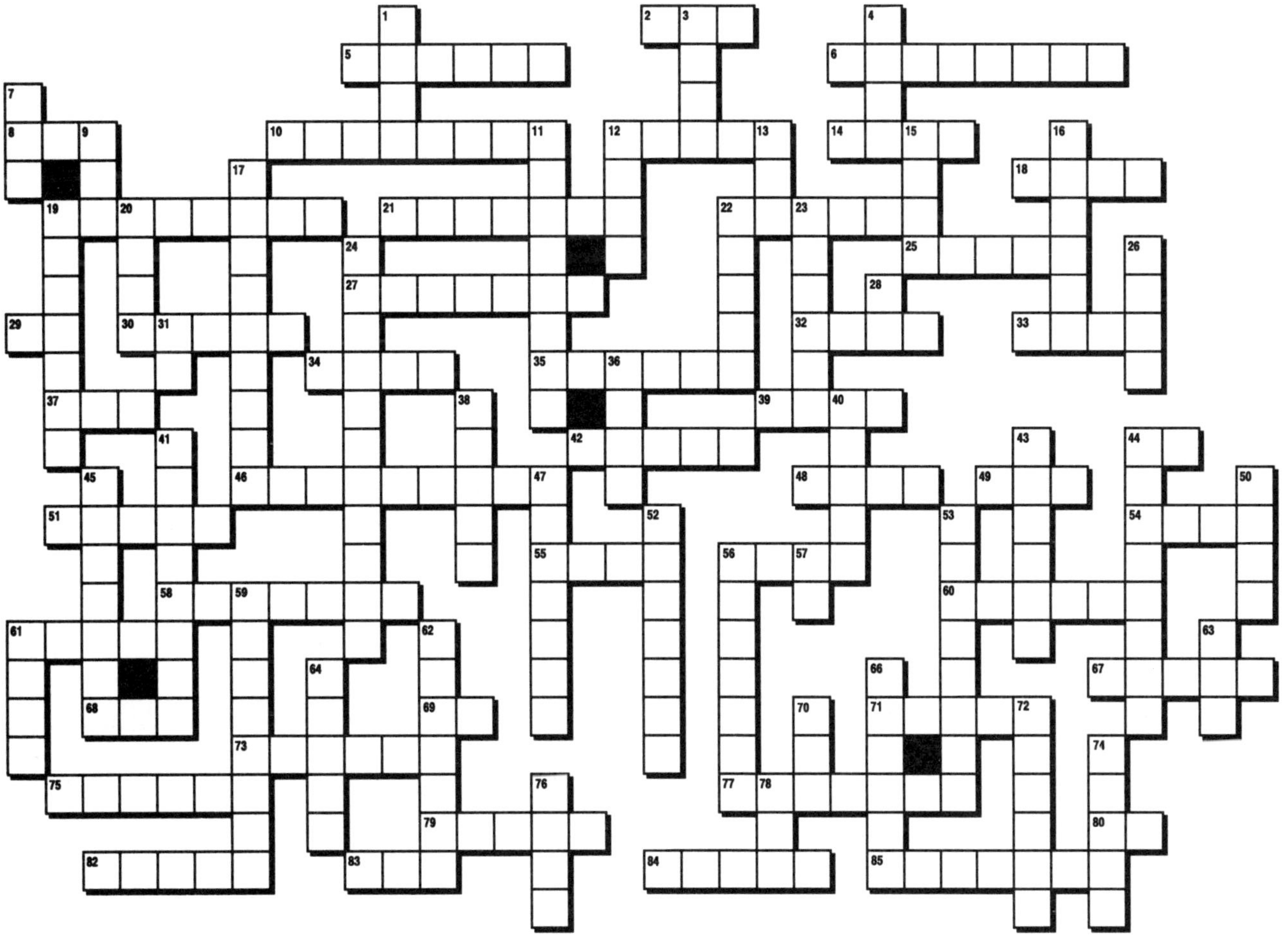

Across

2. (11) belongs to us
5. (9) no longer standing
6. (22) came back
8. (11) some, more or less
10. (12) nice manner
12. (10) sovereign rulers
14. (11) get soft
18. (11) near in time
19. (14) job/company
21. (1) doomed city
22. (13) male parent
25. (13) op. of life
27. (11) not either
29. (10) you
30. (12) sign
32. (8) top of building
33. (12) op. of false
34. (1) terra firma
35. (1) dwelled
37. (1) pair
39. (12) beseech
42. (12) take oath
44. (12) myself
46. (10) deliberately ruined
48. (1) look at
49. (1) male offspring
51. (22) trinity
54. (10) sing ____ the Lord
55. (14) op. of death
56. (8) op. of went
58. (1) loose woman's
60. (22) seek, past tense
61. (10) H_2O
67. (9) gave
68. (1) op. of women
69. (9) op. of them
71. (11) our planet
73. (11) stay
75. (10) river
77. (3) op. of exited
79. (1) woman's name
80. (8) op. of down
82. (10) listened
83. (1) investigate secretly
84. (9) pass out
85. (13) female siblings

Down

1. (8) reclined
3. (8) on it
4. (8) was (past tense)
7. (11) male
9. (9) op. of me
11. (1) not openly
12. (9) have knowledge
13. (10) ocean
15. (9) master
16. (13) female parent
17. (23) traveled down
19. (11) under
20. (1) op. of brought
22. (22) op. of lost
23. (9) extreme fear
24. (9) residents
26. (23) op. of under
28. (1) op. of come
31. (10) a king
36. (8) op. of up
38. (10) land of the Nile
40. (13) op. of dead
41. (13) male siblings
43. (1) son of Nun
44. (22) high hill
45. (1) origin of spies
47. (13) bring to
50. (11) op. of less
52. (9) for this reason
53. (14) replied
56. (11) bravery
57. (12) belongs to me
59. (22) came back
61. (1) op. of came
62. (24) land
63. (10) color for stop
64. (1) called/identified
66. (11) blood pump (pl.)
70. (1) op. of in
72. (11) home above
74. (1) dwelling place
76. (22) op. of nights
78. (1) father of Joshua

Week 1

Golden Text

Read the hands to see what the Lord gave into Joshua's hands.

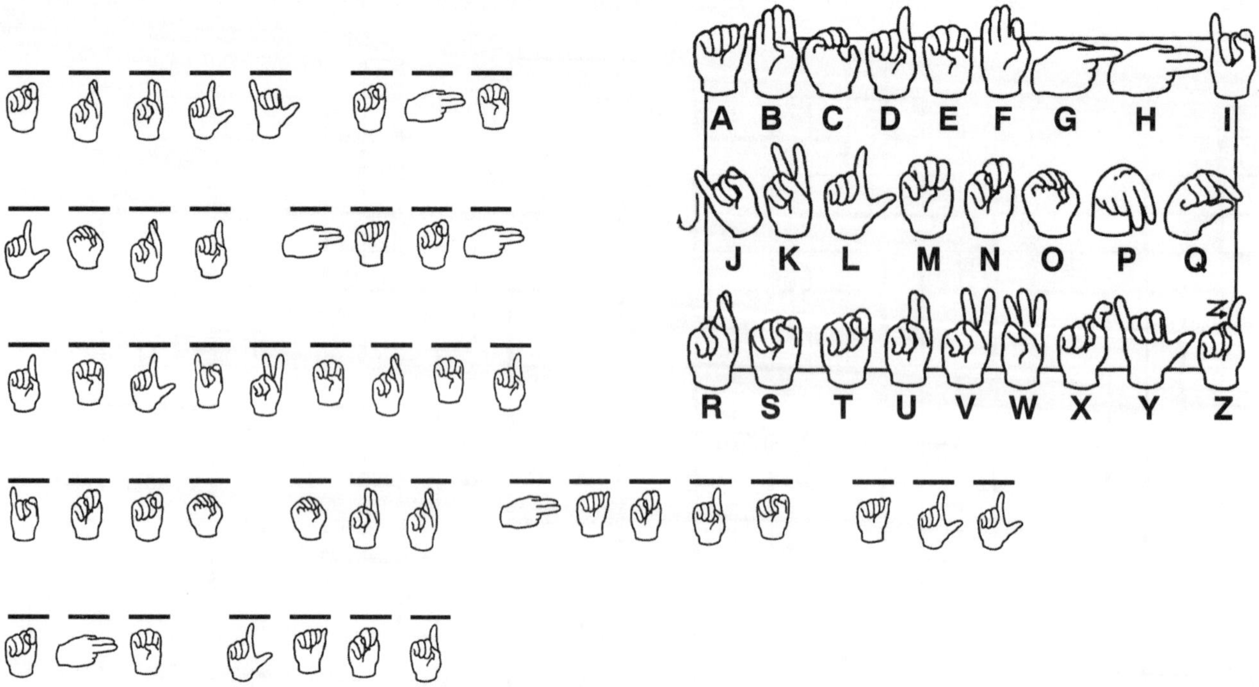

Golden Text

Week 2

Cross a river of words in this puzzle. Fit all of the words from Joshua 3:17 into place. Since this is a river, some of the words run together. Whenever the last letter of one word is the first letter of another word, that shared letter is already in place.

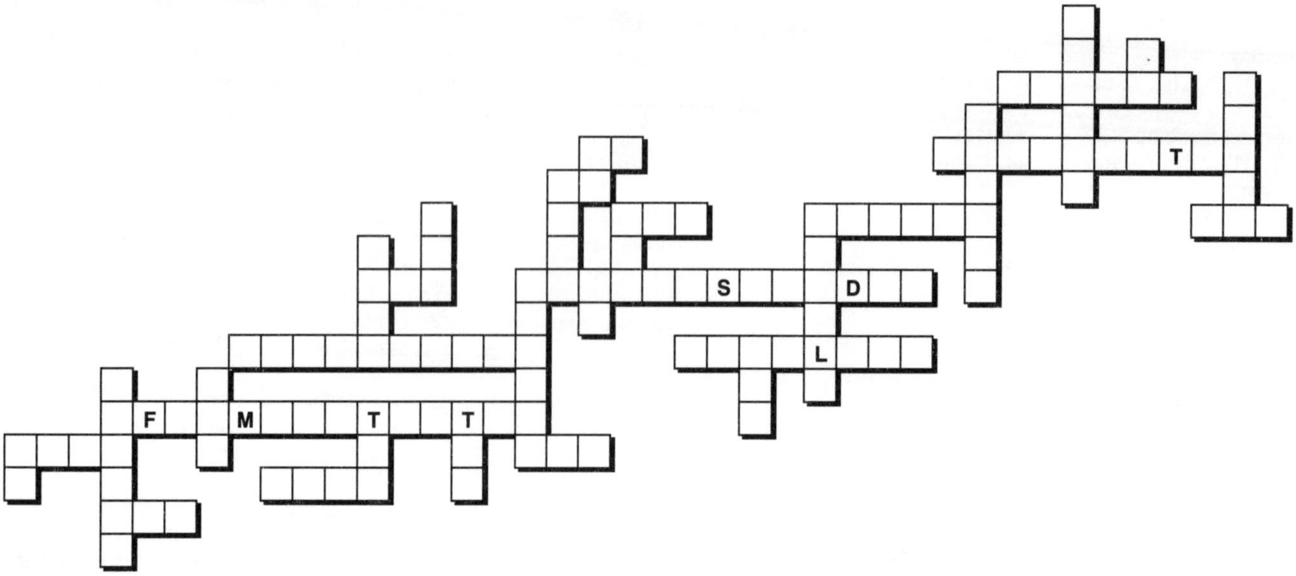

Acting on Faith

Week 2

The presence of the ark makes the difference in deciphering this message from the Lord to Joshua. After you complete the words containing the letters a-r-k, see if you can fill in the surrounding words. (If you need help, look up Joshua 3:7-17.)

A = # R=% K=✳

e L o % # i u o J o u # , T i # y

i l e i o # i y e e i e

i o # l % # e , # e y # y ✳ o

, # l # i M o e , o l i e

i e e ....

i # e o # , e ... e e e o e

% i e # # % e e # % ✳ e % e i e i

e % i o e # e % , ... # e # e %

i # e o % o # o e o o #

% o e u u o # e # ... # o e # # e

o o # % e e # o e # i , e e e

e # , # i e , # e % e u o : # e

e o e # e o e % % i # # i J e % i o .

e % i e # # % e e # % ✳ o e

o e # o e L o % o o i % o % y

% o u i e i o J o % # , # # e

l % # e i e # e o e % o % y % o u ,

u i # e e o e e % e # e e #

o e % J o % # .

Winning the Battle

Remove from the wall of letters every word listed from Joshua 6:1-5, 15-20. What is left of the wall will be what was left of the wall of Jericho.

G	R	E	A	T	A	F	T	E	R	A	N	Y	L	T	I	A	R	T	S	D	N	E	C	S	A	F
N	O	T	H	O	U	R	S	A	I	D	W	E	N	T	O	T	N	U	O	L	L	A	H	S	L	O
I	S	R	A	E	L	O	A	R	K	R	O	U	N	D	M	R	E	H	M	J	M	O	R	A	E	H
K	E	U	A	L	L	M	L	N	E	R	D	L	I	H	C	I	N	S	A	E	E	O	T	P	F	A
N	A	M	O	W	O	E	B	O	T	O	G	O	T	H	E	Y	G	O	K	V	N	R	S	M	A	R
E	L	P	O	E	P	S	A	M	E	N	O	N	E	D	R	S	O	H	E	S	I	W	I	O	L	L
E	D	E	O	D	E	S	T	R	O	Y	E	D	E	L	O	R	D	R	T	E	O	O	X	C	L	O
S	O	T	H	I	N	E	I	L	O	V	H	S	O	U	F	N	Y	S	V	Y	S	N	R	O	H	T
J	O	S	H	U	A	N	M	B	E	A	R	O	N	H	E	L	E	A	S	H	O	U	T	O	O	O
L	K	E	E	P	O	G	E	S	T	U	D	D	C	V	B	I	H	G	N	I	N	W	A	D	U	W
Y	L	R	A	E	R	E	S	H	C	O	N	R	I	O	R	V	F	O	C	I	T	Y	O	C	S	O
A	R	A	H	A	B	R	E	C	N	O	A	G	E	P	M	E	W	N	E	V	E	S	T	S	E	L
D	I	H	W	O	S	S	A	P	O	M	H	Y	C	O	V	E	N	A	N	T	U	O	B	A	O	B

ABOUT
ACCURSED
AFTER
ALL
ANY
ARK
ASCEND
BEAR
BECAUSE
BEFORE
BLAST
BLOW
CAME
CHILDREN
CITY
COME
COMPASS
COVENANT
DAWNING
DAY
DESTROYED
DO
DOWN
EARLY
EVERY
FALL
FLAT
FROM
GIVEN
GREAT
GO
HAND
HARLOT
HATH
HAVE
HEAR
HER
HID
HORNS
HOUSE
IN
ISRAEL
JERICHO
JOSHUA
KEEP
KING
LEST
LIVE
LONG
LORD
MAKE
MARCH
MEN
MESSENGERS
MIGHTY
NONE
NOW
OF
ONCE
OUT
PASS
PEOPLE
PRIESTS
RAHAB
RAMS
ROSE
ROUND
SAID
SAME
SEE
SENT
SEVEN
SEVENTH
SHALL
SHOUT
SHUT
SIX
SOUND
STRAITLY
THEY
THOU
THINE
TIMES
TRUMPETS
UNTO
UP
WALL
WAR
WENT
WISE
WOMAN
YE

Golden Text

Week 3

The inhabitants of Jericho might have liked to have had advance knowledge of this message. Decode using this key:

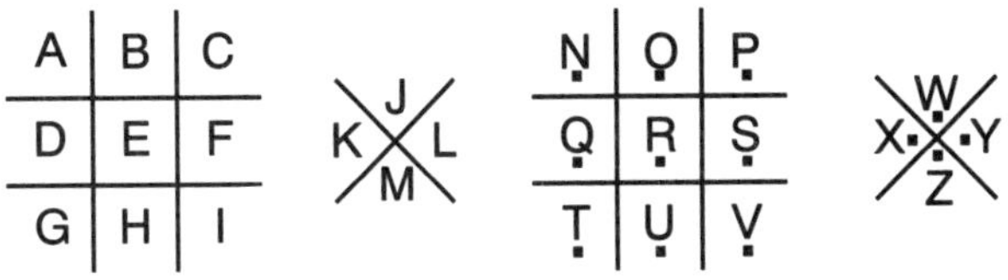

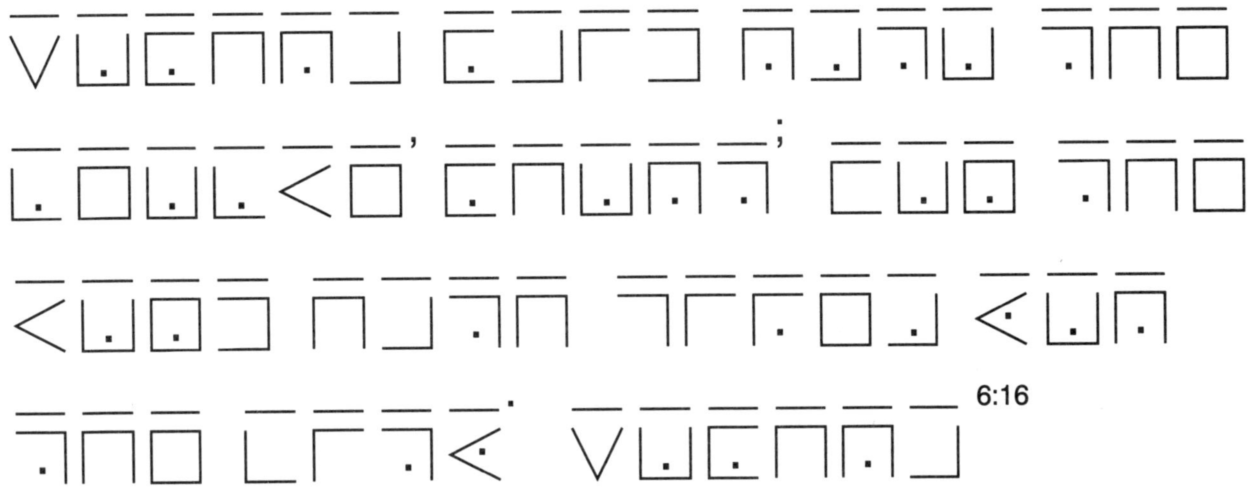

Week 4

Golden Text

Choose Right or Left: To decode a vital message, place the letters below alternately between the column on the left and the column on the right. The first two letters are in place as a clue.

C A H S O F O O S R E M Y E O A U N T D H M I Y S H D O
A U Y S W E H W O E M W Y I E L W L I S L E L R S V E E
R T V H E E B L U O T R J D O 2 S 4 H : U 1 A 5

C ___ ___ ___ ___ ___	A ___ ___ ___ ___
___ ___ ___	___ ___ ___ ___ ___
___ ___ ___ ___	___ ___
___ ___ ___	___ ___ ___ ___ ___
___ ___ ___ ___	___ ___
___ ___	___ ___ ___ ___
___ ___ ___ ___	___ ___ ___ ___ ___
___ ___ ___ ___ ___	___ ___ ___
___ ___ ___	___ ___ ___ ___
___ ___ ___ ___ ___ ___ ___	___ ___ ___ ___ ___

Choosing to Serve God

As recorded in Joshua 24, God did for and gave the Israelites many things, and expected some things from them. Fill in some of the things God did and gave. (Some letters are in place to help you.) Then transpose the letters with asterisks to the spaces below to see two things God expected from Israel. Transpose the letters from top to bottom, not left to right. In other words, take the *first* letter with an asterisk from the first row, then the first one from the second row, and so on. At the end of the third word, you will go back for the *second* letter with an asterisk in the first row, then the second letter in the second row, and so on.

vs. 27 _ o _ _ _* o _ _ _ _ _ o* _ _

vs. 11 J _* _* _ _ _ _ _ _

vs. 11 P _ _* _ _ _ _ _ _* _

vs. 13 _ _ i _* e _* a _ _ _

vs. 11 J _* _ _ _ _* _

vs. 13 _ _ _* _* _ _

vs. 11 H* _ _ _ _ _ _*

vs. 17 _ _ e* _ e _ _* e _

vs. 26 _* a _ _ o o* _
(reorder words)

vs. 11 A _ _* _ _* _ _ _

vs. 25 o _* _ i _ _ _ _* _

vs. 11 _* e _ _ _ e _ e* _

Place the letters with the asterisks here:

_ _ _ _ _ _ _ _

_ _ _ _ _ _ _ _

_ _ _ _ _ _ _ _

Israel's Tragic Pattern of Life **Week 5**

We read many negative descriptions of the Israelites in Judges 2:11-19. Fill in the missing words, then transfer the numbered letters to the lines below to read some positive descriptions of the Lord.

And the children of Israel did _ _ _ _ in the sight of the Lord, and served _ _ _ _ _ _:
(2, 3) (4, 5)

and they _ _ _ _ _ _ _ _ the Lord God of their fathers, which brought them out of the land
(6, 16)

of Egypt, and followed _ _ _ _ _ _ _ _ _, of the gods of the people that were round
(8) (9)

about them, and _ _ _ _ _ themselves unto them, and _ _ _ _ _ _ _ _ the Lord to anger.
(10) (11)

And they forsook the Lord, and served Baal and _ _ _ _ _ _ _ _ _.
(12, 7)

Nevertheless the Lord raised up judges, which delivered them out of the hand of those that spoiled them. And yet they would not _ _ _ _ _ _ _ unto their _ _ _ _ _ _, but they
(17, 14) (18)

went a _ _ _ _ _ _ _ after other gods, and bowed themselves unto them: they turned
(19, 13, 15)

quickly out of the way which their fathers walked in, obeying the commandments of the Lord; but they did not so. And when the Lord raised them up judges, then the Lord was with the judge, and delivered them out of the hand of their enemies all the days of the judge: for it repented the Lord because of their groanings by reason of them that oppressed them and vexed them. And it came to pass, when the judge was dead, that they returned, and

_ _ _ _ _ _ _ _ _ themselves more than their fathers, in following other gods to serve
(21, 22)

them, and to bow down unto them; they ceased not from their own doings, nor from their

_ _ _ _ _ _ _ _ _ _ _ _.
(23) (24)

3 7 17 9	10 17 7 23 15 12 8	7 23 8	7 6	2 15 24 22 8	
3 7 17 9	17 4 13 16 2 9	23 22	18 23 9 15 2 16		
3 7 17 9	9 2 3 13 11 2 17 2 9	7 23 8	7 6	12 4 14 9 16	
	7 6	16 22 7 13 3 2 17 16	4 14 9	2 14 2 5 13 2 16	

Week 5

Golden Text

We have caused ourselves difficulty by forsaking the alphabet for a frivolous code. Decode the message to read about an exceedingly troublesome substitute made by Israel.

A	B	C	D	E	F	G	H	I	J	K	L	M	N	O	P	Q	R	S	T	U	V	W	X	Y	Z
~	(	|	?	!	/	#	@	)	{	}	°	π	$	:	Ω	‡	*	%	¶	&	=	£	☎	Δ	¢

~ $? ¶ @ ! | @) ° ? * ! $: /) % * ~ ! ° ?) ?

! =) °) $ ¶ @ ! %) # @ ¶ : / ¶ @ ! ° : * ? , ~ $?

% ! * = ! ? (~ ~ °) π : ~ $? ¶ @ ! Δ / : * % : : } ¶ @ !

° : * ? # : ? : / ¶ @ !) * / ~ ¶ @ ! * %, £ @) | @

(* : & # @ ¶ ¶ @ ! π : & ¶ : / ¶ @ ! ° ~ $? : /

! # Δ Ω ¶ .

Golden Text

Week 6

Deliverance by God's Hand: This message must have been music in Gideon's ears! To decipher the message, read half notes (𝅗𝅥) as whatever line or space they are on. To read quarter notes (♩) and eighth notes (♪), see what line or space they are on and then check the key under that letter. Each measure is a word, and so, not all measures contain the same number of beats!

Key:

𝅗𝅥	A	B	C	D	E	F	G
♩	H	I	J	V	L	M	N
♪	O	P	Y	R	S	T	U

Example:

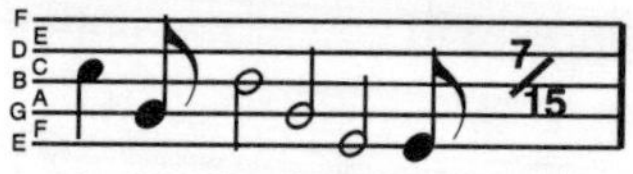

J U D G E S 7:15

Deliverance by God's Hand

Week 6

God eliminated most of the army and all of the weapons that men would have used to gain victory. In the passages below, most of the message has been eliminated. Transfer the words from the "weapons" God did allow to the blanks to complete the story of how God achieved this astounding victory.

Rearrange the words from the "lamp" to print out Judges 7:2

A _ _ the L _ _ _ s _ _ _ u _ _ _ G _ _ _ _ _,
T _ _ p _ _ _ _ _ t _ _ _ are w _ _ _ t _ _ _
a _ _ t _ _ m _ _ _ f _ _ me t _ g _ _ _ the
M _ _ _ _ _ _ _ _ _ i _ _ _ t _ _ _ _ h _ _ _ _,
l _ _ _ I _ _ _ _ _ v _ _ _ _ t _ _ _ _ _ _ _ _ _
a _ _ _ _ _ _ m _, s _ _ _ _ _, M _ _ _ o _ _
h _ _ _ h _ _ _ s _ _ _ _ me.

TO
THE
LEST
WITH
HANDS
SAVED
ISRAEL
SAYING
AGAINST
THEMSELVES
MIDIANITES
PEOPLE
GIDEON
VAUNT
THEIR
UNTO
SAID
LORD
THEE
HAND
MANY
GIVE
INTO
THAT
MINE
HATH
ARE
THE
OWN
THE
FOR
TOO
ARE
HIS
AND
ME
OF
IT

Use key words from the "pitcher" to complete Judges 7:4-7

And the Lord said unto G _ _ _ _ _, The people _ _ _ y _ _ too m _ _ _;
b _ _ _ _ them down unto the w _ _ _ _, and I w _ _ _ t _ _ them for
thee there: and _ _ shall b _, that of w _ _ _ I say unto thee, This shall go with thee,
t _ _ same shall go with thee; and of w _ _ _ _ _ _ _ _ _ _ I s _ _ unto thee,
This shall not go with thee, the s _ _ _ s _ _ _ _ n _ _ g _. So he
b _ _ _ _ _ _ down the people unto the water:
and the L _ _ _ said unto Gideon,
E _ _ _ _ one that lappeth o _ the water with his
t _ _ _ _ _, as a d _ _ l _ _ _ _ _ _ _,
him shalt thou s _ _ by h _ _ _ _ _ _ _;
l _ _ _ _ _ _ _ _ every o _ _ that
b _ _ _ _ _ _ d _ _ _ upon h _ _ knees to
drink. And the n _ _ _ _ _ _ of them that lapped,
p _ _ _ _ _ _ _ their h _ _ _ to their m _ _ _ _ _,
were three hundred men: but a _ _ the r _ _ _ of t _ _ people
b _ _ _ _ down upon their k _ _ _ _ to d _ _ _ _ water.
And the Lord s _ _ _ unto Gideon, By the t _ _ _ _
h _ _ _ _ _ _ _ m _ _ that l _ _ _ _ _ _ will I
s _ _ _ you, and d _ _ _ _ _ _ _ the
M _ _ _ _ _ _ _ _ _ _ into thine h _ _ _: and l _ _ all the
o _ _ _ _ p _ _ _ _ _ _ go every man unto his p _ _ _ _.

WILL#SAID#DOG
THREE##HUNDRED
TONGUE##DRINK
WATER#EVERY
GIDEON#ALL
HAND#LORD
MIDIANITES
WHOMSOEVER
MOUTH#NUMBER
HAND#BROUGHT
PEOPLE#KNEES
BRING#LAPPED
DELIVER#MANY
SHALL#NOT#GO
LIKEWISE#MEN
SAME#HIMSELF
PLACE#BOWETH
LAPPETH#SAVE
SET#WHOM#ONE
PUTTING##REST
SAY#DOWN#LET
YET#BE#TRY
BOWED#OTHER

Week 7

Israel Demands a King

Place the words listed from 1 Samuel 8:4-9; 12:19-25 into the puzzle grid below. Some letters are in place as clues.

DO
SO
UP
US
YE

ALL
AND
ARE
ART
ASK
BUT
DAY
DIE
NOT
OLD
OUT
SIN
THE
THY
YET
YOU

ALSO
BOTH
CAME
DONE
EVIL
FEAR
GODS
GOOD
KING
LIKE
LORD
MAKE
ONLY
OVER
SAID
SAKE
SHOW
SONS
THOU
TURN
UNTO
VAIN
WILL
YOUR

ADDED
AFTER
ASIDE
EGYPT
GREAT
HEART
JUDGE
NAMES
OTHER
RAMAH
RIGHT
SHALL
TEACH
THEIR
THING

TRUTH
VOICE
WHICH
WORKS

BEHOLD
ELDERS
FORBID
ISRAEL
MANNER
PEOPLE
PRAYED
PROFIT
SAMUEL
SHOULD

AGAINST
BECAUSE
BROUGHT
CEASING
DELIVER
HEARKEN
NATIONS
PROTEST

CONSIDER
CONSUMED
FORSAKEN
GATHERED
MOREOVER
REJECTED

SERVANTS
SOLEMNLY
TOGETHER

ACCORDING
FOLLOWING

DISPLEASED
THEMSELVES
WICKEDNESS

NEVERTHELESS

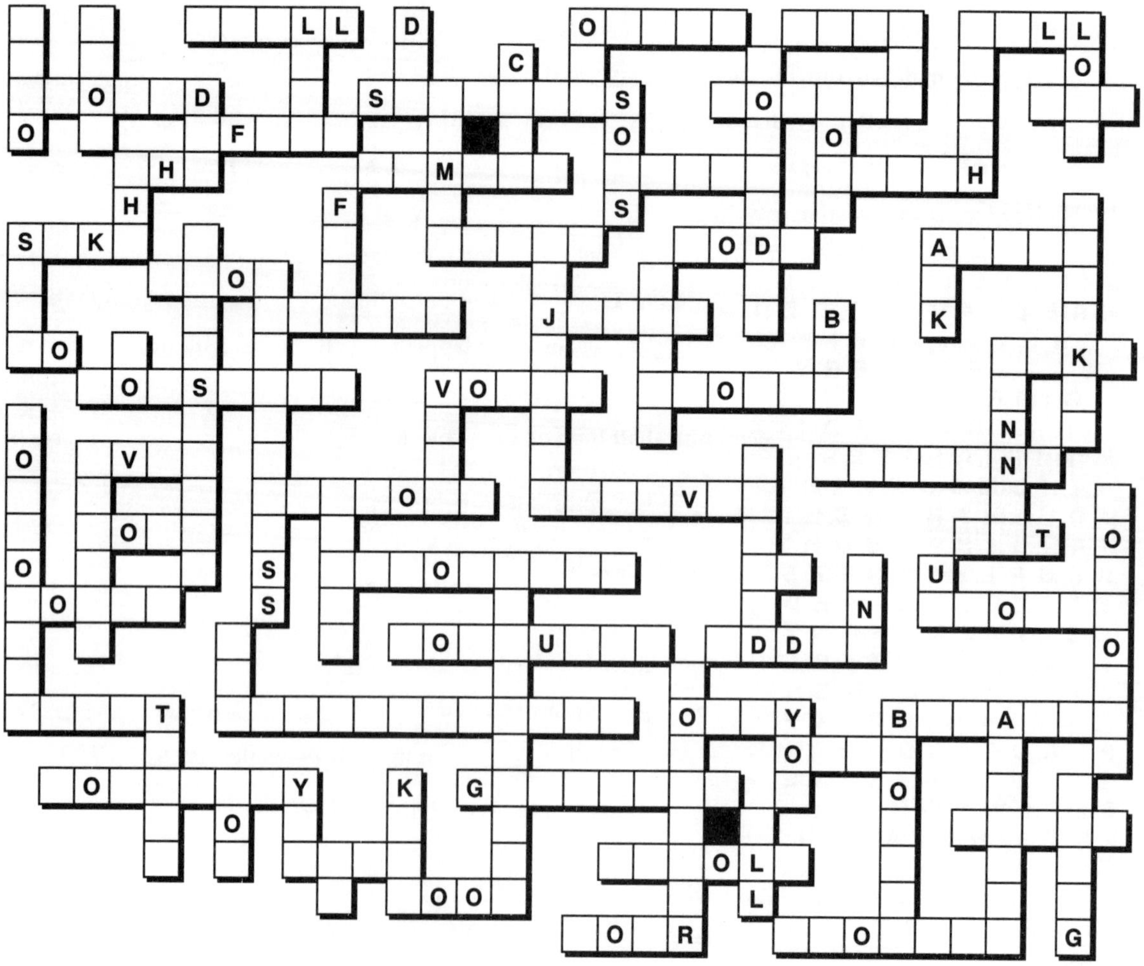

Golden Text

Week 7

The Israelites wanted to exchange their God-given judges for a king. Exchange these letters to decode the verse.

A=E D=O G=M J=K L=S N=T U=I 5=8

G E J A   I L   E   J U T M   N D   K I O M A

____ __ _ _____ __ ______

I L   S U J A   E S S   N H A   T E N U D T L

__ _____ ___ ___ ________

1   L E G I A S   5 : 8

_ _______ _ : _

Week 8

Golden Text

How do you think Saul felt about receiving this message in secret?

Key:						
	C –·–·	H ····	M ––	R ·–·	W ·––	0 –––––
	D –··	I ··	N –·	S ···	X –··–	: –––···
	E ·	J ·–––	O –––	T –	Y –·––	; ––··––
A ·–	F ··–·	K –·–	P ·––·	U ··–	Z ––··	? ··––··
B –···	G ––·	L ·–··	Q ––·–	V ···–	1 ·––––	

– ···· · –·   ··· ·– –– ··– · ·–··   – ––– ––– –·–   ·–   ···– ·· ·– ·–··

––– ··–·   ––– ·· ·–··   ––··––   ·– –· –··   ·––· ––– ··– ·–· · –··

·· –   ··– ·––· ––– –·   ···· ·· ···   ···· · ·– –··   ––··––   ·– –· –··

–·– ·· ··· ··· · –··   ···· ·· ––   ––··––   ·– –· –··   ··· ·– ·· –··   ––··––

·· ···   ·· –   –· ––– –   –··· · –·–· ·– ··– ··· ·   – ···· ·

·–·· ––– ·–· –··   ···· ·– – ····   ·– –· ––– ·· –· – · –··   – ···· · ·

– –––   –··· ·   –·–· ·– ·––· – ·– ·· –·   ––– ···– · ·–·   ···· ·· ···

·· –· ···· · ·–· ·· – ·– –· –·–· ·   ··––··

·––––   ··· ·– –– ··– · ·–··   ·–––– –––––   –––··· ·––––

Week 8

Saul's Opportunity as King

Fill in the Grid: First, fill in the missing words from 1 Samuel 9:15-17, 10:1a, and 10:20-24. Then, place the words in the grid. The characters under the word blanks tell where to place the word: the number tells the row, the letter or # tells the column, and h or v indicates whether the word is placed horizontally or vertically. For example, the first word, "now," is placed vertically starting in space 7L. After filling in the grid, color the empty boxes. What stands out will be what stood out in the passage.

	A	B	C	D	E	F	G	H	I	J	K	L	M	N	O	P	Q	R	S	T	U	V	W	X	Y	Z	#
1																											
2																											
3																											
4																											
5																											
6																											
7																											
8																											
9																											
10																											
11																											

______ (7Lv) the Lord had told Samuel in his ____ (4Eh) a ____ (8Av) before Saul came, saying, ______________ (1Bv) about this ______ (10Mh) I will send thee a ____ (1Qh) out of the ______ (7Ch) of ____________ (4#v), and thou shalt _________ (2Ch) him to be __________ (1Av) over my people Israel, that he may save my _________ (4Zv) ____ (9Tv) of the hand of the Philistines: for I have looked upon ___ (9Bh) people, __________ (3Iv) their ____ (9Uv) is come unto me. And when Samuel saw Saul, the Lord said unto him, _________ (2Ph) the man whom I spake to thee of! this same shall ________ (4Yv) over my people.

Then Samuel took a ______ (3Xh) of ____ (7Kv), and _________ (3Uv) it upon his ______ (3Cv).

And when Samuel had caused all the _________ (3Wv) of _________ (3Qv) to come near, the tribe of Benjamin was taken. When ___ (9Nh) had caused the tribe of Benjamin to come near by their families, the _________ (3Ov) of ______ (11Vh) was taken, and Saul the ____ (10Bh) of ______ (8Ch) was taken: and when they sought him, he could not ___ (4Kh) ________ (11Oh). Therefore they ___________ (3Hv) of the Lord __________ (1Jh), if the man should ____ (10Eh) come _________ (11Hh). And the Lord ___________ (1Th), Behold, he hath hid __________ (11Ah) among the ________ (4Xv). And they ran and ___________ (2Ih) him thence: and when he ________ (10Vh) among the people, he was _________ (3Rv) than any of the people from his shoulders and _________ (3Tv). And ________ (3Nv) said to ____ (10Qh) the people, See ye him whom the Lord hath _________ (2Vh), that there ___ (5Kh) none like him among all the people? And all the people ___________ (1Ch), and said, _____ (5Eh) ______ (10Ih) the king.

King Saul Disobeys God

Week 9

Stop Sign Word Find: In 1 Samuel 13:5-14, God announces that He is bringing a stop to King Saul's reign. Almost every word from the passage is in the stop sign below. How many can you find? Major words repeated in the passage are in the puzzle only once. Little words may be repeated many times.

```
A F L A N D W I L E A R S I
B F O R C E D H Q C A P T A I N
E A T O U T V B E P Z U P X I N O A
H I D E L Q Z E U N I T N O C D W W K D
O F F E R I N G S X I T Q T I Z X H I M I R
L Q D O N E S Z J B U Q S O O N T W I T H S N O
D H A D L D E H C T I P R F M H T H I C K E T S G J
G I L G A L X B L D H A T H U O O E E L H F O R D I D N
S G U Z S Q O D C Y P E O P L E X R D Y L W E R E S K C O R
H A S T H S W E R B E H W T S E A S H O R E X Q S W B U T M
S D W H A V E D F C X G I D Z E V E R L E Z N A S T R A I T
F R O M L Q D N B D E T U L A S Z M Q W H B P B E E T G V H
D Z U B L C G A F W U L T U I E D E A S T W A R D S H A D G
P E D M Q B Z M A D E T H O U S A N D H I L D M Z T E W S U
L Q I N D E C M E N Z R E W E N T R G G H I S C F A Y E H O
A N O R E T H O U B C E N D F H W I T H I N G O D B V R Z S
C S B G R H J C K S L M Y S E L F Z N P S U A M R L W E O E
E E J Z E A D B M U S B Q W T G A T H E R E D E E I X B V M
S V S D T V T H Y P M L J H M I C H M A S H A S I S D M E I
A A A U T E D L F P G I K A L L M Z Y C Q R M B C H E A R T
C N K A N P O N L Z N F T Q E G L D E R E F F O E G D P
D A C C O R D I N G D C P A F Y G Z H H K L S D S E
N S H E D Z C O M M A N D M E N T Z T U P O N K
A R D B G A N T B M Y Z H T J H L E R W M T
M T H A T C A M E S T Q B N I D G N A E
E F Q I O W N Z P M C H A R I O T S
E R O F E R E H T H E E T Z T I
T N R U B R I N G D A Y S X
```

A
ACCORDING
AFTER
ALL
AN
AND
APPOINTED
AS
AT
BE
BECAUSE
BEHOLD
BETHAVEN
BRING
BURNT
BUT
CAME
CAMEST
CAPTAIN
CAVES
CHARIOTS
COME
COMMANDED
COMMANDMENT
CONTINUE
DAYS
DID
DISTRESSED

DONE
DOWN
EASTWARD
END
ESTABLISHED
EVER
FIGHT
FOLLOWED
FOOLISHLY
FOR
FORCED
FROM
GAD
GATHERED
GILEAD
GILGAL
GOD
HAD
HAST
HATH
HAVE

HE
HEART
HEBREWS
HIDE
HIGH
HIM
HIS
HITHER
HORSEMEN
IN
IS
ISRAEL
IT
JORDAN
KEPT
KINGDOM
LAND

LORD
MADE
MAN
ME
MEET
MEN
MICHMASH
MIGHT
MULTITUDE
MYSELF
NOT
NOW
OF
OFFERED
OFFERINGS
ON
OUT

OVER
OWN
PASS
PEACE
PEOPLE
PHILISTINES
PITCHED
PITS
PLACES
ROCKS
SAID
SALUTE
SAMUEL
SAND
SAUL
SAW
SCATTERED

SEASHORE
SET
SEVEN
SHALL
SIX
SOME
SOON
SOUGHT
STRAIT
SUPPLICATION
TARRIED
THAT
THE
THEE
THEMSELVES
THEN
THEREFORE
THEY
THICKETS

THIRTY
THOU
THOUSAND
THY
TIME
TO
TOGETHER
TREMBLING
UNTO
UP
UPON
WAS
WENT
WERE
WHAT
WHEN
WHICH
WILL
WITH
WITHIN
WOULD
YET

Week 9

Golden Text

King Saul disregarded God's directions and got himself into trouble. Read the Directional signs to see what happened.

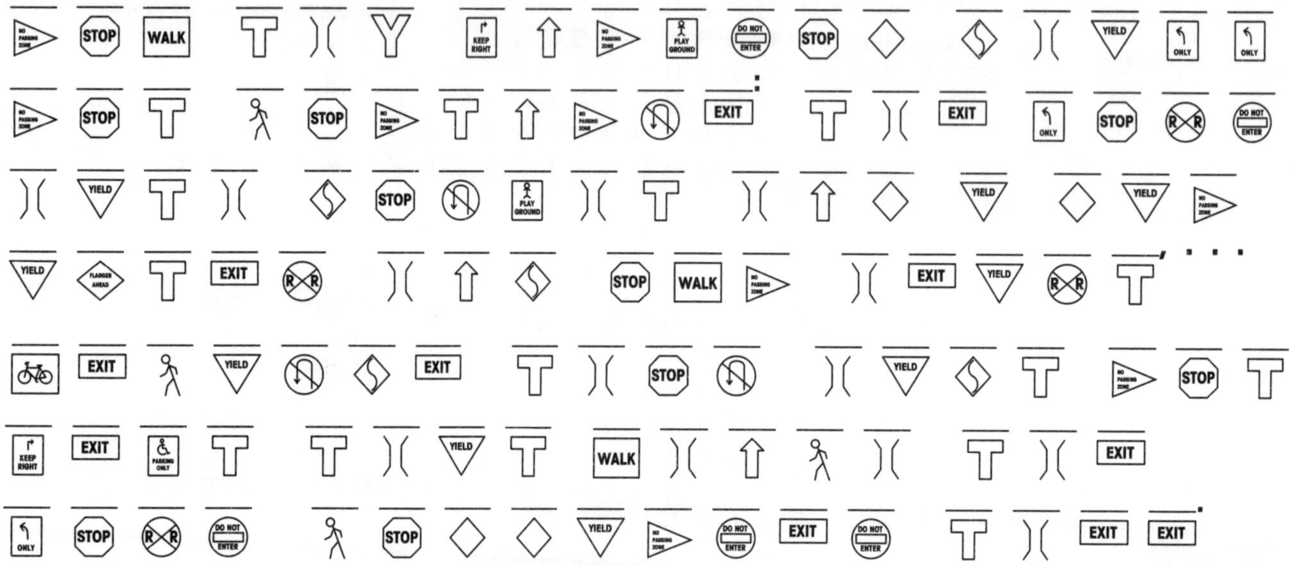

Golden Text

Week 10

When David and the Lord sent messages to one another they didn't use a telephone, but by using this telephone code, you can decode this message.

1	ABC 2	DEF 3
GHI 4	JKL 5	MNO 6
PRS 7	TUV 8	WXY 9
*	0	#

2 6 3 # 6 6 9, * 6 # 5 6 7 3 1 4 6 3, #

8 4 3 * 9 6 7 3 1 8 4 2 8 # 8 4 6 8 *

4 2 7 8 1 7 7 6 5 3 6 # 2 6 6 2 3 7 6 4 6 4 * 8 4 9 1

7 3 7 8 2 6 8, # 2 6 3 * 2 6 6 2 3 7 6 4 6 4 1 4 4 7 #

4 6 8 7 3, * 3 7 8 2 2 5 4 7 4 1 4 8 # 3 6 7 * 3 8 3 7,

2 6 3 # 3 6 1 2 7 1 8 4 6 8 # 4 2 7 8 * 7 2 4 3.

David Claims God's Promise

Week 10

Fill in the blanks with phrases indicated from 2 Samuel 7:18-29 and you will find the **central** attitude of David running through the center of the page. The letters from the word **PRAYER** are in place as clues.

18 ___ A_ _, _ __R_ ___?

19 ____ _A__ _P__E_

20 __A_ _A_ _A___ _AY __RE

21 A___R_____ __ _____E ___ _EAR_

22 _E___ER ... A_Y ___ _E____E_ __EE

23 __RAE_ ... ___ _E__ __ RE_EE_

24 _____ __R_, AR_ _E___E __E_R ___

25 _ __R_ ___

26 ___ __ER __RAE_

27 __R_ __ ______, ___

28 _____ _A__ PR____E_ _____

29 ___ _E_ __P_EA_E __EE

18 A__ __A_ __ _Y _____E

19 __ __Y _____, _ __R_

20 _____ __R_ ... ____E__ __Y _ER_A__

21 __R __Y __R_'_ _A_E

22 ___E ___E __EE

23 _R__ __E _A_____ A__ __E_R _____

24 ______R_E_ ... __Y PE_P_E __RAE_

25 __R_ ... _P__E_

26 __Y _A_E _E _A_______E_

27 PRAY _____ PRAYER _____ __EE

28 __Y __R__ _E _R_E

29 _____E __ __Y _ER_A__ _E __E__E_

Week 11

David Sins Against God

In 2 Samuel 12:1-10, 13, Nathan brought David a veiled message. The block below contains that message in a four-word sentence, and each word in the sentence is repeated many times.

1. Look for the same word repeated horizontally and vertically many times (at least 12 times).

2. Carefully outline the entire group (not each individual word).

3. Go back and look for words inside the group that don't belong, and circle those. When you have found and outlined all four groups of words, you will see what Nathan used to illustrate his indictment against David, because each group of words will also form a letter. It may be easier to read your final answer if you color in, or use a highlighter to darken all the identical words.

DELIVEREDFOURFOLDAGAINSTLORDPITYCUPLITTLECHILDRENTOGETHER
DELIVEREDFOURFOLDAGAINSTLORDPITYCUPLITTLECHILDRENTOGETHER
EVILTHOUNOURISHEDARTDAUGHTERTHEFLOCKTHEBOSOMMANMANMANEVIL
GAVETHOURESTOREARTIARTISRAELTHEANGERTHEBOSOMMANMANMANGAVE
EVILTHOURESTOREARTIARTDAVIDTHETHEATHETHEPOORMANOWNMANEVIL
GAVETHOUNATHANARTTWOARTRICHTHETHEATHETHEPOORMANOWNMANGAVE
EVILTHOUNATHANARTTWOARTNOTTHEONETHEEWETHEDIEMANMANGREATLY
GAVETHOUNATHANARTARTARTDIETHEONETHEEWETHENOTMANMANMANLORD
EVILTHOUNATHANARTSINARTNOTTHEEXCEEDINGTHEDIEMANPUTMANEVIL
GAVETHOUNATHANARTSINARTDIETHEEXCEEDINGTHENOTMANPUTMANAWAY
EVILTHOUTHOUHEARTSINARTNOTTHEEXCEEDINGTHEDIEMANMANMANEVIL
GAVETHOUTHOUHEARTSINARTDIETHEEXCEEDINGTHENOTMANMANMANAWAY
DESPISEDCOMMANDMENTANOINTEDBOUGHTNOTHINGWAYFARINGTRAVELER
DESPISEDCOMMANDMENTANOINTEDBOUGHTNOTHINGWAYFARINGTRAVELER

Golden Text

Week 11

David had a message of distress to send. Can you decipher it?

Week 12

Golden Text

	1	2	3	4	5
1	A	F	L	Q	V
2	B	G	M	R	W
3	C	H	N	S	X
4	D	I	O	T	Y
5	E	K	P	U	Z

In the coded message, the first number indicates the row and the second number indicates the column.

5-2 4-2 3-3 2-2   3-4 4-3 1-3 4-3 2-3 4-3 3-3

5-1 3-5 3-1 5-1 5-1 4-1 5-1 4-1   1-1 1-3 1-3

4-4 3-2 5-1   5-2 4-2 3-3 2-2 3-4   4-3 1-2

4-4 3-2 5-1   5-1 1-1 2-4 4-4 3-2   1-2 4-3 2-4

2-4 4-2 3-1 3-2 5-1 3-4   1-1 3-3 4-1   1-2 4-3 2-4

2-5 4-2 3-4 4-1 4-3 2-3.

Solomon's Glorious Reign

First Kings 9:1-3, 10:1-7, 23, 24 names many blessings from God. Place the tangible blessings horizontally, and the intangible blessings vertically. A blessing repeated in the text is used only once in the puzzle. If you want further help, a word list is at the bottom of the page.

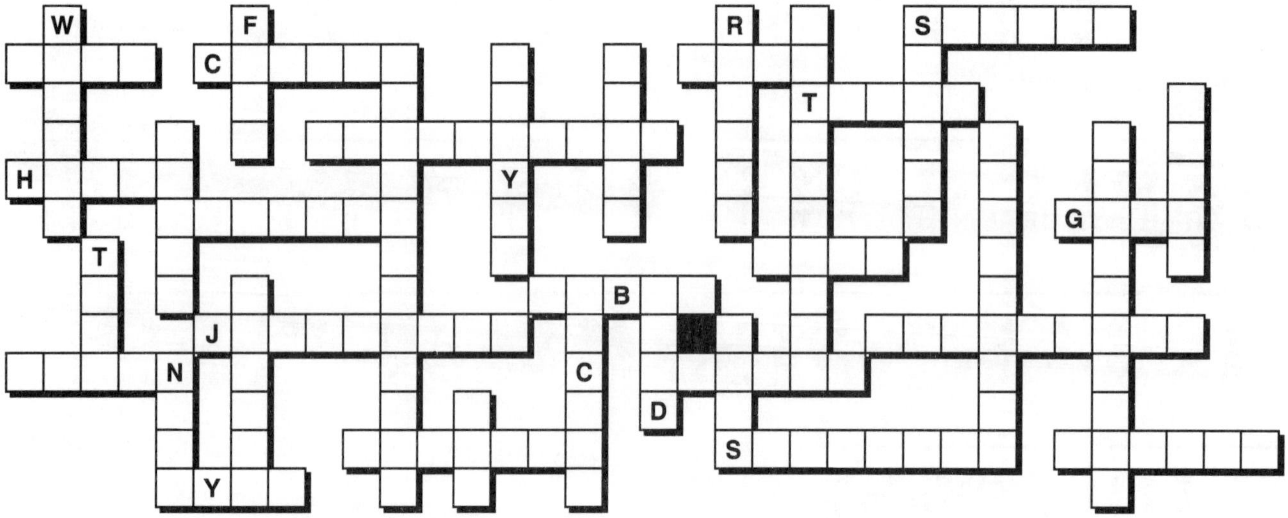

Tangible (horizontal)	*Intangible (vertical)*
APPAREL	ACTS
CAMELS	ASCENT
CUPBEARERS	ATTENDANCE
EYES	DESIRE
GOLD	EARTH
HOUSE	FAME
JERUSALEM	GOD
KING	HEART
LAND	LORD
MEAT	NAME
MINISTERS	PRAYER
QUEEN	PROSPERITY
RICHES	QUESTIONS
SERVANTS	REPORT
SOLOMON	SPIRIT
SPICES	SUPPLICATION
STONES	TIME
TABLE	WISDOM
TRAIN	WORDS

Solomon Turns From God

Week 13

Every word in 1 Kings 11:1-13, with the exceptions of a, I, and the possessive form of nouns, is hidden in the puzzle. The more of them you mark, the more you will see how Solomon's heart was corrupted.

```
S T A T U T E S                         M B O A T H E N
U T B J K W Q V U W S A I R       D O X Y O U Z P B W J V O G
C X Y Z T H I S B J R K L L W A N     E I M F S L R C D H M K Z Q T X T
O K E P T W E C Z K Q V N Z O U T S I   G V D W V P R F O R A S M U C H N L R
Z B J K G O D D E S S L J K E R B W S A E A B K I N G D O M C R D G H J E V I L H
W I P A B J G K Q V W T H E Y P D Z H A N D K L M V N O N E M S A T E H V R W B Z I U
G O D W N Z V E B D J H R P K V E B J W K Q Z J H V E E H T Q A W O B K M D J R W V G W O
X B O C D W I T H F E G A H J P R I N C E S S E S K S L M H N N C H I L D R E N P Q H E B
S K I N G R S T H V I W U N T O Y F Z E B C D A F A P P E A R E D G H J K L M N P R S T N D E
O V W I Y S Z C E R B D C G G H F E J I T K R M H C N Q S R T V E B C W Y M O A B Z M B T H I
L C F A S H T O R E T H G E J K L C M T N T P T S R V T W T F Y D Z H B T D W C G I N E N U Y
A D O N E A Q V T W Z U J B L M C T D H G H I M V I L S P H O D B I J D H A C P L N E H W L P
S N P S R L S E Y B H N E V E S D F J E K W I L L F A T H E R Q C R D S Y M O L E C H T E A V
R B F D N L W N H V S D C H E M O S H R D H I M W I P N B S Z H G B Y D W M C V F E M R S N I
O D C V S B M A R O F R J M P R Q L W B F O C H L C H O S E N M C N A T I O N S B N U O F T Y
E A Z B H W N S G R E E R H T H C O N C U B I N E S M S P R S T O V W Y N Z C F S D B U T
M M O A B I T E S H D K M U N P R V M B L D F Q D H L A V T H A T B H M E B S R E N D S U
E V N T M L G E J L O R G V N A M M O N I T E S O D P H B I N W O M E N M L K J I A N
A X G B Z C L R E Y N D T R I B E D W N I T E S U T O G S B U I L D B H R I Q A R O S
N R S J R K V P L N M T R T O E B S S S C U W L D T H E L O T N E A S O D S Z S H
Y J V S A A B H B O A Z B M Q N M L R J P R D R H D A U G H T E R D G L K I T
O L H R N E D L P M N B I C K R V A Z D E G D J O D O E S M L S C O M E C
U S D T F X I O Y J Y N D T H E E O C L A V E H O G S T U R N E D T E
R V M O L K D F R I A U N R I L M F Y C A R I L N P A K F C U S A
P D R A E D O M I T E S Y B K I S R I L U B D I L N J M O O T
L E N W L O V E I X W A S O N J A T A S T J H K D L H N N
A S I M I L C O M A M O G E B H I R A H I T T I T E S
C S M I L C N M R U Y B L E Z M Q L O V E D N A E
E D Y H T N I D L A H M C O N C E R N I N G X
S R M E V A L L B O J A L M B M O R L N H
I N L O U A U E W I U E Y I P L O I A
G U F P R I R B N S D G S Q V S D
H S N V W H E R E F O R E E T
T O G M D I Z B Q T O N S
U M A F T E R G A I H
O T L X G L L M S
E L L I P O I
P X V D H
Y E L
S
```

ABOMINATION
AFTER
ALL
AMMON
AMMONITES
AND
ANGRY
APPEARED
AS
ASHTORETH
AWAY
BECAUSE
BEFORE
BUILD
BURNT
BUT
CAME
CHEMOSH
CHILDREN
CHOSEN
CLAVE
COME
COMMANDED
CONCERNING
CONCUBINES
COVENANT
DAUGHTER
DAVID
DAYS
DID

DO
DONE
EDOMITES
EVIL
FATHER
FOR
FORASMUCH
FROM
FULLY
GIVE
GO
GOD
GODDESS
GODS
HAD
HAND
HAST
HAVE
HE
HEART
HIGH
HILL
HIM
HIS
HITTITES

HOWBEIT
HUNDRED
IN
INCENSE
IS
ISRAEL
IT
JERUSALEM
KEPT
KING
KINGDOM
LIKEWISE
LORD
LOVE
LOVED

MANY
MILCOM
MOAB
MOABITES
MOLECH
MY
NATIONS
NEITHER

NOT
NOTWITH-
STANDING
OF
OLD
ONE
OTHER
OUT
PASS
PERFECT
PHARAOH
PLACE

PRINCESSES
REND
SACRIFICED
SAID
SAKE
SERVANT
SEVEN
SHALL
SHOULD
SIGHT
SOLOMON
SON
STATUTES
STRANGE
SURELY
THAT
THE
THEE
THEIR
THEM

THEN
THESE
THEY
THING
THIS
THOU
THREE
THY
TO
TOGETHER
TRIBE
TURN
TURNED
TWICE
UNTO
WAS
WENT
WHEN
WHEREFORE
WHICH
WILL
WITH
WIVES
WOMEN
YE
YOU
YOUR
ZIDONIANS

Week 13

Golden Text

Solomon mixed up his life. Unscramble the mixed up words below to see how he did this.

nda lonmoos idd ilve ni eth ghist fo

teh drol, dan twen ton lufyl trafe het

rodl, sa idd vadid sih tharef.

6:11 sgink 1

Golden Text

Week 14

All of the words from Matthew 3:11 are hidden in the word search puzzle. As you find them, put them in order on the blanks below to print out the verse.

H	T	H	A	T	S	H	A	L	L	B	E	A	R	T	M
E	A	M	C	B	A	P	T	I	Z	E	I	W	U	H	A
A	F	I	O	H	W	A	T	E	R	F	N	O	N	A	T
N	T	G	M	O	W	H	O	S	E	I	D	R	T	N	T
D	E	H	E	L	S	H	O	E	S	R	E	T	O	I	H
I	R	T	T	Y	G	H	O	S	T	E	E	H	W	A	E
W	Y	I	H	B	A	P	T	I	Z	E	D	Y	I	M	W
I	O	E	R	E	P	E	N	T	A	N	C	E	T	T	:
T	U	R	I	Y	O	U	W	I	T	H	M	E	H	O	1
H	B	U	T	H	E	I	S	N	O	T	T	H	E	3	1

_ ______ _______ ___ ____ _____ ____

__________: ___ __ ____ ______ _____

__ __ ________ ____ _, _____ _____ _ __

___ ______ __ ____: __ _____ _______

___ ____ ___ ____ _____, ___ ____ ____.

_______ _:__

John Heralds Jesus' Coming

Week 14

Place these words from Matthew 3:1-15 into the grid. The number in the grid indicates the verses where the words can be found. Need some help getting started? Start with verses 13 and 14 and place the words according to their length. Then, for each verse, choose longer words and words that have a unique number of letters.

1. those
   days
   John
   preaching
   wilderness

2. repent
   kingdom
   heaven
   hand

3. was
   spoken
   prophet
   Isaiah
   voice
   one
   prepare
   way
   make
   paths
   straight

4. same
   raiment
   camels
   hair
   leathern
   loins
   meat
   locusts
   honey

5. out
   Jerusalem
   all
   region
   Jordan

6. baptized
   confessing

7. Pharisees
   Sadducees
   generation
   hath

7. vipers
   warned
   flee

8. fruits
   meet

9. we
   Abraham
   father
   God
   stones
   raise
   up
   children

10. also
    axe
    trees
    cast

11. water
    shoes
    worthy
    shall
    Holy

12. fan
    purge
    floor

12. gather
    wheat
    garner
    chaff
    unquenchable

13. Jesus
    Galilee

14. me

15. answering
    now
    fulfil
    righteousness

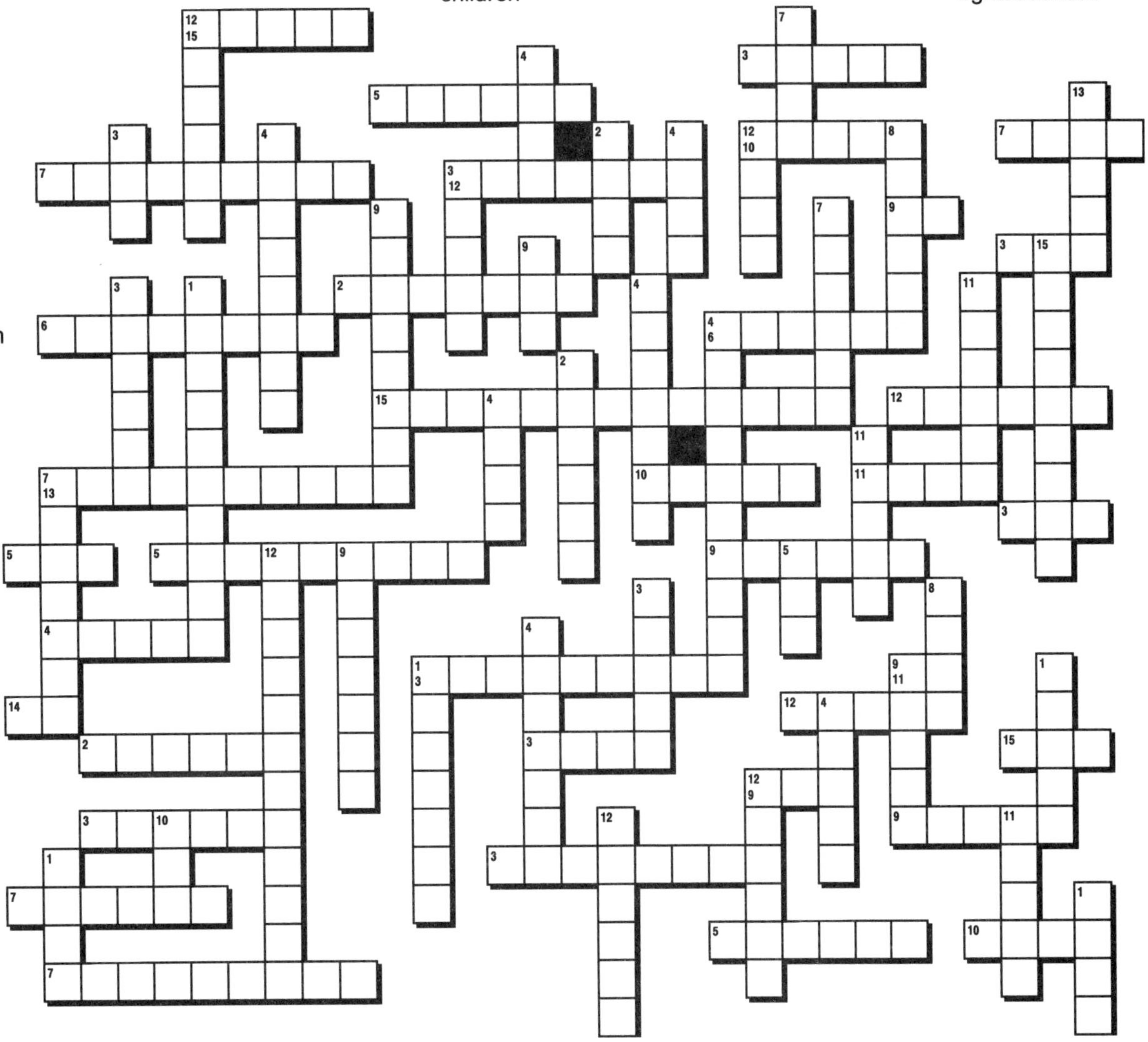

Week 15 Jesus Affirms John's Message

Matthew 11:2-15

What Do You See? Place alternate letters, starting with the first, on the lines below.

B	V	L	E	I	R	N	I	D	L	R	Y	E
I	C	S	E	A	I	Y	V	U	E	N	T	T
H	O	E	Y	I	O	R	U	S	A	I	M	G
O	H	N	T	G	L	T	A	H	M	E	E	M
W	T	A	H	L	A	K	T	L	A	E	R	P
E	E	B	R	O	S	R	C	N	L	O	E	F
A	W	N	O	S	M	E	E	D	N	D	T	E
H	A	E	F	R	H	E	E	H	A	A	R	T
D	H	E	N	A	O	D	T	R	R	A	I	I
S	S	E	E	N	D	A	U	G	P	R	P	E
O	A	O	T	R	E	H	R	A	T	V	H	E
A	T	N	H	J	E	O	G	H	O	N	S	T
P	H	E	E	L	B	P	A	R	P	E	T	A
I	C	S	H	T	E	N	D	O	T	T	O	W
T	I	H	T	E	H	M	S	R	T	E	A	E
N	D	D	S	I	H	N	A	G	K	H	E	E
N	T	W	H	I	A	T	T	H	I	T	S	H
L	E	E	W	A	I	S	N	T	D	I	M	N
A	T	N	H	C	E	L	K	O	I	T	N	H
G	E	D	D	O	I	M	N	O	S	F	O	H
F	E	T	A	R	V	A	E	I	N	M	I	E
S	N	G	T	R	P	E	R	A	O	T	P	E
H	R	E	T	T	H	M	A	O	N	R	H	E
E	T	M	H	A	A	T	N	T	A	H	P	E
	R	W	O	1	P	1	H	1	E	1	T	

Jesus wanted John to see:

_ _ _ _ _   _ _ _ _ _ _ _ _   _ _ _ _ _
_ _ _ _ _   _ _ _ _   _ _ _ _   _ _ _ _ _ _ _
_ _ _ _ _ _ _ _ _   _ _ _ _   _ _ _ _
_ _ _ _   _ _ _ _ _ _ _   _ _   _ _ _ _
_ _ _ _   _ _ _   _ _ _ _ _ _ _
_ _ _ _ _ _ _ _ _   _ _   _ _ _ _

Jesus asked what the multitudes saw:

_ _ _ _   _ _ _ _ _ _ _   _ _ _ _   _ _ _
_ _ _ _   _ _ _   _ _ _ _ _ _ _ _   _ _
_ _ _ _   _ _ _ _ _ _ _ _   _ _ _ _ _ _ _ _

Jesus wanted the multitude to see:

_ _ _ _   _ _ _ _   _   _ _ _ _ _ _ _ _

Jesus wants us to see:
(use remaining alternate letters)

_ _ _ _ _ _   _   _ _ _   _ _ _ _   _ _ _,   _ _ _ _ _   _ _ _ _
_ _ _ _   _ _ _   _ _ _ _   _ _   _ _ _ _ _ _   _ _ _ _ _ _   _ _ _ _
_ _ _   _ _ _ _ _   _   _ _ _ _ _ _ _ _   _ _ _ _   _ _ _ _   _ _ _
_ _ _ _ _ _ _: _ _ _ _ _ _ _ _ _ _ _ _ _ _ _,   _ _   _ _ _ _ _   _ _
_ _ _ _ _   _ _   _ _ _   _ _ _ _ _ _ _ _   _ _   _ _ _ _ _ _ _   _ _
_ _ _ _ _ _ _ _   _ _ _ _   _ _

_ _ _ _ _ _ _ _   _ _:_ _

Golden Text

Week 15

Matthew 11:10 quotes a message regarding John. Can you trace the path of that quote through the block of letters below? Diversions from the path of righteousness (listed) confuse and block the path. But among these diversions you will find the mesage if you follow letters adjacent to one another, in any direction, starting with the letter B.

AWFUL	FOLLY	HARM	NET	REND	SHAME	TRAP
BAD	FORSAKE	HELL	OFF	RUE	SIN	WICKED
BEGUILE	GOAD	IDLE	PIT	SELF	STRANGE	YOKE
BLOOD						
CRIME						
DEATH						
DESPISE						
ENSNARE						
ENTICE						
ENVY						
FAIL						
FEAR						

B E G U I L E M Y M N E T T H D L P R E P F O R E T H E

L H O F F I D L E N T I C E Y E Y L L O F A W F U L C E

O O A Y V N E N S N A R E R F K S H A M E I R U E B R T

O L D D E S P I S E L F O E A C T I P H E L L E K Y I R

D D I S H T A E D R A E F N C I F O R S A K E T O A M A

S I N S T R A N G E R B A D E W H I C H M R A H Y W E P

Week 16

JESUS IS BORN

Every word in Matthew 1:18-25 is hidden in the puzzle (only once in the puzzle regardless of number of repeats in passage.) After you have found all the words, highlight (or blacken) the following proper and common names to see a word summarizing the content of the Scripture passage.

ANGEL	GHOST	IMMANUEL	MAN	SON
CHILD	GOD	JESUS	MARY	VIRGIN
CHRIST	HOLY	JOSEPH	MOTHER	WIFE
DAVID	HUSBAND	LORD	PROPHET	

I F O H E W D D E S P O U S E D D E V I E C N O C S A M S T W G S L W H E N M O R F T O O K N E H T

P M T I N H E N P G K A U N T O F U L F I L L E D H W A P H I N H L A E K A T H O U A P P E A R E D

R D M S O I D A E N N N S T V N H L O R D G O D J E A E O G L I A A S R W I F E M A R Y M W I S E N

O L F A D L N B O I E D S A S I T B W C L T H C H O Y R K U L Y L C E J D C G D P B N Y E A I N O T

P O O T N E I S P E W I H O L Y R Y O A E H T H T F S D E O I A L H E E E A N A E E E L L S N S C H

H H U S D U M U L B R S N I S T T G N M G E R I R E T E N R N S T H M S S L I V E F D I P G G M I O

E E N U I T E H E H T H E I R H L M I E N S O L I A O A P B G O H E A U I L R I L O D V M N H I L U

T B D J D H B L C W A S E H T I A A A N A E F D B R N I S H M B E R N S A E B D S R I I A I O G B G

W H I C H E U W I T H Y E H T S H K L I N T E R P R E T E D F O R Y H T R D P U T E B R X H S H U H

H I M H A D T N R O B T S R I F S E L T H E E L L I T E V A S T H A T R E H T E G O T P E T T T P T

Week 16

Golden Text

There are two messages hidden in the blocks below. One message is spelled out with one or two large letters in each block. The second message can be found by deciphering words within each block. To decode both messages, write a letter over each number (according to the code). A colored felt tip pen words best for this. The letters that are repeated many times within each block can be connected to form the one big letter. The remaining letters spell out a message from Isaiah 7:14. Read these remaining letters sometimes vertically, sometimes horizontally, and place them in the spaces below.

Code:	11	12	13	15	16	17	18	19	21	22	23	24	25	26	27	28	29	31
	A	B	C	D	E	G	H	I	L	M	N	O	R	S	T	U	V	W

10	17	17	17	10
17	12	16	18	17
17	24	21	15	10
17	11	17	17	17
17	29	19	25	17
17	17	19	23	17
10	17	17	17	10

20	20	24	20	20
20	24	26	24	20
24	20	18	20	24
24	20	11	20	24
24	20	21	20	24
20	24	21	24	20
20	20	24	20	20

15	15	15	30	30
15	30	13	15	30
15	24	23	30	15
15	13	16	30	15
15	19	29	30	15
15	30	16	15	30
15	15	15	30	30

31	40	40	31	40	11	31
31	11	31	40	31	40	31
31	23	31	12	31	26	31
31	15	31	16	31	24	31
31	40	31	11	31	23	31
40	31	40	25	40	31	40
40	31	40	40	40	31	40

19	50	27	27	27	27	27
19	50	50	50	27	50	50
19	50	11	50	27	50	26
19	50	23	50	27	50	18
19	50	15	50	27	50	11
19	50	50	50	27	50	21
19	50	50	50	27	50	21

18	60	60	60	60	18
18	13	11	21	21	18
18	60	60	60	60	18
18	18	18	18	18	18
18	60	60	60	60	18
18	60	18	19	26	18
18	60	60	60	60	18

28	70	70	70	28
28	70	23	70	28
28	70	11	70	28
28	70	22	70	28
28	70	16	70	28
28	70	70	70	28
70	28	28	28	70

80	26	26	80
26	19	22	26
26	22	11	80
80	26	26	80
80	23	28	26
26	16	21	26
80	26	26	80

19	90	90
26	90	90
11	90	07
19	90	14
11	90	90
18	90	90
90	90	90

_ _ _ _ _ _ _, _,

_ _ _ _ _ _ _ _ _ _ _ _ _, _ _ _ _ _ _ _ _ _ _ _ _ _

_ _ _ _ _ _ _ _ _ _ _ _ _ _ _ _ _ _. _ _ _ _ _ _ _ _:_

The Wise Men Worship Jesus

Week 17

Fill in the Grid: First, fill in the missing words from Matthew 2:1-12. Then place the words in the grid. The characters under the word blanks tell where to place the word: the numeral tells the column and the letter tells the row. Whether the word is placed horizontally or vertically is indicated by h or v. For example, the word "NOW" will be placed horizontally starting in column 17, row L. "Jesus" is placed vertically starting in column 14, row G. After filling in all of the words, color in the empty boxes to see something remarkable that was seen in this passage.

_____ 17Lh when _____ 14Gv was ____ 6Gh in _________ 20Dv of Judea in the _____ 11Nh of Herod the king, behold, there _____ 17Ch wise ____ 29Fv from the east to _____________ 4Mh, saying, Where is he that is born ______ 5Dh of the _____ 9Hv? for ___ 6Jh have seen his star in the east, and are come to __________ 15Ev him. When Herod the king had heard these things, he was ___________ 27Cv, and _____ 3Oh Jerusalem with him. And when he had ___________ 4Ch all the _______ 13Gv __________ 4Nh and __________ 28Bv of the _________ 15Nh ___________ 11Bh, he __________ 3Bh of them where ________ 11Fv should ___ 24Ih born. And they said unto him, ___ 25Mh Bethlehem ___ 23Kh Judea: for thus it ___ 9Ev written ___ 23Gh the _________ 22Oh, And thou Bethlehem, in the _____ 29Bv of _______ 22Dh, art not the _______ 6Oh _______ 1Kv the __________ 2Bv of Judah: for out of thee shall come a ___________ 26Ev, that shall _____ 2Lv my people ________ 28Iv.

Then _______ 12Lh, when he had _________ 13Dh called the _____ 22Ln men, ___________ 4Lh of them ______________ 21Cv what _____ 9Dh the star ___________ 3Cv. And ___ 13Fh sent them to Bethlehem, and said, ___ 23Jv and ________ 1Bv diligently for the young _______ 16Ah; and when ___ 6Fh have found him, bring ___ 23Fh _____ 27Kv again, that I ___ 13Ah come and worship him also. When they had _______ 12Ch the king, they departed; and, ___ 17Fh, the star, which they saw in the _____ 3Kv, went before them, till it came and _______ 11Oh _____ 21Ah where the young child was. When they ____ 5Ih the star, they ___________ 1Ah with ____________ 19Bh _____ 1Ph _____ 18Iv. And when they were come into the _______ 6Ph, they saw the _______ 25Ah child with _____ 9Ah his ________ 11Ph, and fell _____ 17Iv, and worshipped him: and when they had _______ 21Nh their _________ 17Ph, they presented unto him gifts; _____ 26Ph, and _______________ 13Mh, and _______ 22Ch. And being _______ 10Fv of ____ 2Iv in __ 25Jh dream that they should not _________ 16Oh ___ 17Gh Herod, they ___________ 4Dv into their own __________ 29Iv another ____ 1Hv.

	1	2	3	4	5	6	7	8	9	10	11	12	13	14	15	16	17	18	19	20	21	22	23	24	25	26	27	28	29
A																													
B																													
C																													
D																													
E																													
F																													
G																													
H																													
I																													
J																													
K																													
L																													
M																													
N																													
O																													
P																													

Week 17

Golden Text

Place each word from Matthew 2:11 into the diagonal puzzle. Some words may read from bottom to top and some from top to bottom, but all read from left to right. For clues, use the number of spaces needed for each word and the letters already in place.

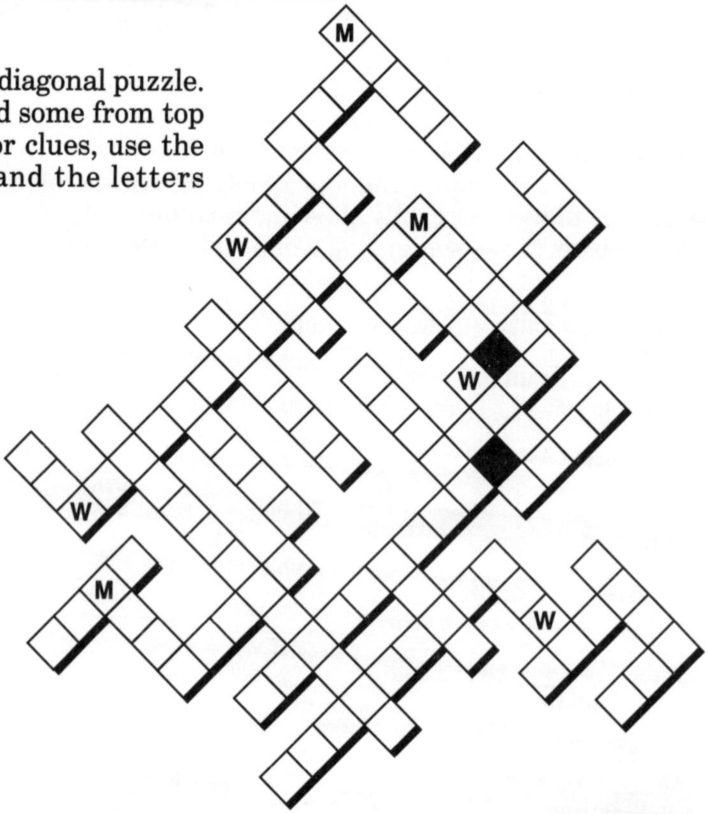

THE
SAW
HIS
AND
HIM
HAD
WHEN
THEY
WERE
COME
INTO
WITH
MARY
FELL
DOWN
UNTO
GOLD
HOUSE
YOUNG
CHILD
THEIR
GIFTS
MYRRH
MOTHER
OPENED
TREASURES
PRESENTED
WORSHIPPED
FRANKINCENSE

Golden Text

Week 18

The clues will lead you to key words in Matthew 9:2. When you have the word, place it in the grid according to the location instruction (h=horizontal, d=down). When you are finished placing the words, color the empty spaces to see what Jesus saw.

location	*clue*
1-20 h	pardoned
1-21 d	Savior
1-26 h	op. bad
3-22 h	sing. poss.
3-24 h	article
3-25 h	boy
4-23 h	to __ or not to __
5-21	punctuation
5-26 h	towards
7-22	verse numeral
7-24 d	Son __ God
9-20 h	observing
9-21 d	pl. possessive
9-26 h	KJV of you
11-21 d	trust
12-22 d	ill
13-26 h	1st N.T. book
14-22 d	spoke
15-20 h	misdeeds
15-21 d	positive attitude
17-21 d	Son __ God
17-24 d	to __ or not to __
19-20	chapter numeral
19-21 d	illness

	1	2	3	4	5	6	7	8	9	10	11	12	13	14	15	16	17	18	19
20																			
21																			
22																			
23																			
24																			
25																			
26																			

Deliverance and Forgiveness **Week 18**

The A, B, C's of Deliverance and Forgiveness: Fill in the words from Matthew 8:28-9:8 as indicated by the verse numbers.

A _ _ _ _ (5)
B _ _ _ _ _ _ _ _ _ _ (3)
C _ _ _ _ _ (34)
D _ _ _ _ _ _ _ (7)
E _ _ _ _ _ _ (1)
F _ _ _ _ _ _ _ (2)
G _ _ _ _ _ _ _ _ (8)
H _ _ _ _ _ (4)
I _ _ _ (31)
J _ _ _ _ (29)
K _ _ _ (33)
L _ _ _ _ (2)
M _ _ _ _ _ _ _ _ _ (8)
N _ (28)
O _ _ _ (1)
P _ _ _ _ _ _ _ _ (33)
R _ _ (32)
S _ _ _ _ (30)
T _ _ _ _ _ _ (29)
U _ _ _ (6)
V _ _ _ _ _ _ _ _ (32)
W _ _ _ _ _ (32)
EX _ _ _ _ _ _ _ (28)
Y _ (6)

Week 19

Jesus the Son of David

Jesus made a big difference. Note the contrasts below. Fill in the missing words from Matthew 12:9-23. Transfer the numbered letters to the blanks below to see one result of Jesus' unique power.

vs. 10: there was a man which had his hand ___ ___ ___ ___ ___ ___ ___ ___
(6 23 11 5 22 7 22 4)

vs. 11: sheep . . . ___ ___ ___ ___ (9 21 10 10) into a pit . . . lay hold on it, and ___ ___ ___ ___ (10 23 9 11) it out?

vs. 13: and it was ___ ___ ___ ___ ___ ___ ___ ___ (7 22 8 11 24 7 22 4) ___ ___ ___ ___ ___ (6 5 24 10 22)

vs. 14: Parisees . . . held council . . . how they might ___ ___ ___ ___ ___ ___ ___ (4 22 8 11 7 24 12) him

vs. 15: Jesus . . . ___ ___ ___ ___ ___ ___ (5 22 21 10 22 4) them all;

vs. 20: A ___ ___ ___ ___ ___ ___ ___ (13 7 25 23 8 22 4) ___ ___ ___ ___ (7 22 22 4) shall he not ___ ___ ___ ___ ___ (13 7 22 21 14),

and ___ ___ ___ ___ ___ ___ ___ (8 1 24 14 23 3 2) ___ ___ ___ ___ (9 10 21 15) shall he not

___ ___ ___ ___ ___ ___ (16 25 22 3 17 5), till he send forth ___ ___ ___ ___ ___ ___ ___ ___ (18 25 4 2 1 22 3 11)

unto ___ ___ ___ ___ ___ ___ ___ (19 23 17 11 24 7 12).

vs. 22: insomuch that the ___ ___ ___ ___ ___ (13 10 23 3 4) and ___ ___ ___ ___ (4 24 1 13) both ___ ___ ___ ___ ___ (8 20 21 14 22)

and ___ ___ ___ (8 21 6)

21 3 4   23 3   5 23 8   3 21 1 22   8 5 21 10 10

11 5 22   2 22 3 11 23 10 22 8   11 7 25 8 11.

1 21 11 11 5 22 6   Y:A

Golden Text

Week 19

Palimpsest: Suppose you are an archaeologist who has come into possession of a parchment from early in the Christian era. It seems a second message has been written over the first message at a later date. You are attempting to decipher both messages:

IAT BRIS LU IS A EDW FREE VL TOD
DOSHA WLLE LHEL ONOTN TBREHE
SAAK BAND BAS MOTH KING DAFLAX YS.
MSHA ALL HET NOT TQUH E ENW CH.

Put the deciphered messages on the lines below:

__ __ ________ __ __ _____ __
___ __________ _____

_ __________ _____ _______ __
___ _______ ____ __________ _____
_______ ___ ____ _________.

_________ 12:12, 20

Golden Text

Week 20

One woman discovered the secret of answered prayers. By decoding this golden text, you can discover it too.

Key: A B C D E F G H I J K L M N O P Q R S T U V W X Y Z
α β ψ δ ϵ ϕ γ η ι ξ κ λ μ ν ο π ϑ ρ σ τ θ ω φ χ υ ζ

τηεν ξεσθσ ανσφερεδ ανδ σαιδ θντο ηερ, ο
φομαν, γρεατ ισ τηυ φαιτη: βε ιτ θντο τηεε
εωεν ασ τηοθ φιλτ. ανδ ηερ δαθγητερ φασ
μαδε φηολε φρομ τηατ ωερυ ηοθρ.

A Foreigner's Faith

Select words from Matthew 15:21-31 to fill in the blanks next to the clues. The letters in the vertical boldface blanks spell out the phrases.

Clue	Blanks
Savior	_ _ **_** _ _
adored	_ _ _ _ **_** _ _ _ _ _
basic food	_ _ **_** _ _
responded	_ _ _ **_** _ _ _ _
entire	_ _ **_** _ _
bits	_ **_** _ _ _ _
seasides	_ _ _ **_** _ _
see here!	_ _ **_** _ _ _
wept	_ _ **_** _ _
left	_ _ **_** _ _ _ _ _
student	_ _ _ _ _ **_** _ _ _
demon	_ **_** _ _ _
pondered	_ _ _ **_** _ _ _ _
assist	**_** _ _ _
belief	_ _ **_** _ _
female	_ _ **_** _ _

PHRASES

_ _ _

_ _ _ _ _ _ _ _ _ _

_ _ _

_ _ _ _

_ _ _ _ _ _ _ _ _

_ _ _ _ _ _ _ _

_ _ _ _ _ _

Clue	Blanks
owners'	_ _ _ **_** _ _ _
abode	**_** _ _ _ _
vocalize	_ _ **_** _ _
city	_ **_** _ _
female offspring	_ _ _ **_** _ _ _ _
a sea	_ _ _ _ **_** _ _
Soveriegn	_ **_** _
boss	_ _ **_** _
crowd	_ _ _ _ **_** _ _ _ _
tumble	**_** _ _ _
unseeing	_ _ **_** _ _
large	_ _ **_** _ _
offspring's	_ _ _ _ **_** _ _ _ _
large hill	_ _ _ _ **_** _ _ _
fact	_ _ _ _ **_**
grown lamb	_ _ **_** _ _
common pets	_ _ **_** _
time	_ **_** _ _
city	_ _ **_** _ _
asked	_ _ _ **_** _ _ _ _
honored	_ _ _ _ _ **_** _ _ _
handicapped	_ _ **_** _ _ _
not found	_ _ **_** _
compassion	_ _ **_** _ _
nation	_ _ _ **_** _ _
sorely	_ _ _ **_** _ _ _ _ _ _
made well	_ _ _ **_** _ _

Jesus Is Transfigured

Find the bold words from Matthew 17:1-13 hidden in the puzzle. When finished, put the unused letters on the lines below to see what the three disciples saw.

And **AFTER** six days Jesus taketh Peter, James, and John his brother, and bringeth them up into a high **MOUNTAIN APART**, and was **TRANSFIGURED** before them: and his face did shine as the sun, and his **RAIMENT** was white as the light. And, behold, there **APPEARED** unto them **MOSES** and Elijah taking with him. Then answered Peter, and said unto Jesus, Lord, it is good for us to be here: if thou wilt, let us make here **THREE TABERNACLES; ONE** for thee, and one for Moses, and one for Elijah. While he yet **SPAKE**, behold, a bright cloud **OVERSHADOWED** them: and behold a voice out of the cloud, which said, This is my beloved Son, in whom I am well pleased; **HEAR** ye him. And when the **DISCIPLES** heard it, they fell on their face, and were sore afraid. And Jesus came and **TOUCHED** them, and said, Arise, and be not afraid. And when they had lifted up their eyes, they saw no man, save Jesus only. And as they came down from the mountain, Jesus charged them, saying, Tell the vision to no man, **UNTIL** the Son of man be risen **AGAIN** from the dead. And his disciples asked him, saying, Why then say the scribes that Elijah must first **COME**? And Jesus answered and said unto them, Elijah truly shall first come, and **RESTORE** all things. But I say unto you, That **ELIJAH** is come already and they knew him not, but have done unto him whatsoever they listed. Likewise shall also the Son of man suffer of them. Then the disciples **UNDERSTOOD** that he spake unto them of **JOHN** the Baptist.

A	A	F	T	E	R	R	A	I	M	E	N	T	A	O
P	N	D	A	R	W	H	E	N	O	T	H	E	Y	V
P	H	A	B	D	A	U	T	O	U	C	H	E	D	E
E	L	I	E	F	T	N	E	D	N	U	H	E	A	R
A	P	A	R	T	P	T	S	T	T	M	O	S	E	S
R	H	R	N	E	I	I	R	F	A	G	A	I	N	H
E	E	E	A	Y	S	L	E	L	I	J	A	H	E	A
D	I	S	C	I	P	L	E	S	N	G	S	T	H	D
E	Y	T	L	S	A	J	A	C	W	N	U	O	M	O
A	N	O	E	S	K	O	A	O	V	E	J	R	E	W
S	U	R	S	S	E	H	O	M	N	T	H	R	E	E
O	N	E	L	Y	U	N	D	E	R	S	T	O	O	D

___ ___ ___   ___ ___ ___ ___

___ ___ ___ ___ ___   ___ ___ ___

___ ___ ___ ___ ___ ___

___ ___   ___ ___ ___ ___ ___

___ ___ ___ ___,   ___ ___ ___ ___

___ ___ ___   ___ ___   ___ ___ ___,

___ ___ ___ ___ ___   ___ ___ ___ ___ ___

___ ___ ___ ___.

Week 21

Golden Text

Use the Morse Code to find the golden text.

Key:						
	C -.-.	H	M --	R .-.	W .--	0 -----
	D -..	I ..	N -.	S ...	X -..-	; -.-.-.
	E .	J .---	O ---	T -	Y -.--	, --..--
A .-	F ..-.	K -.-	P .--.	U ..-	Z --..	. .-.-.-
B -...	G --.	L .-..	Q --.-	V ...-	1 .----	

.-- ....-.. .   .... .   -.-- . -   ... .--. .- -.- . --..--

-... . .... --- .-.. -.. --..--   .-   -... .-. .. --. .... -

-.-. .-.. --- ..- -..   --- ...- . .-. ... .- -.. --- .-- . -..

- .... . -- ---...   .- -. -..   -... . .... --- .-.. -..   .-

...- --- .. -.-. .   --- ..- -   --- ..-.   - .... .

-.-. .-.. --- ..- -.. --..--   .-- .... .. -.-. ....- .. -.. --..--

- ....   -- -.--   -... . .-.. --- ...- . -..   ... --- -.

--..--   .. -.   .-- .... --- --   ..   .- --   .-- . .-.. .-..

.--. .-.. . .- ... . -.. -.-.-.   .... . .- .-.   -.-- .   ... --   .-.-.-

Golden Text

Week 22

Key:

half note	A	B	C	D	E	F	G
quarter note	H	I	J	V	L	M	N
eighth note	O	P	Q	R	S	T	U

Example:

The people proclaimed a truth that calls forth song! To decipher the message, read half notes (𝅗𝅥) as whatever line or space they are on. To read quarter notes (♩) and eighth notes (♪), see what line or space they are on and then check the key under that letter. Each "measure" is a word and so does not contain the same number of beats.

The People Proclaim Jesus the Son of David

Week 22

Fill in the spiral with words from Matthew 21:1-11, 14-16. The first number of each clue indicate the verse that the word is in, and the second number indicates the word position. For example, starting at 1 on the spiral, fill in the seventh word from verse 1.

Clues

1.	1-7
10.	2-7
17.	3-13
21.	4-15
28.	5-4
36.	6-3
45.	7-7
49.	8-8
57.	9-3
67.	10-10
71.	11-7
76.	14-12
82.	15-17
90.	16-31
96.	9-12

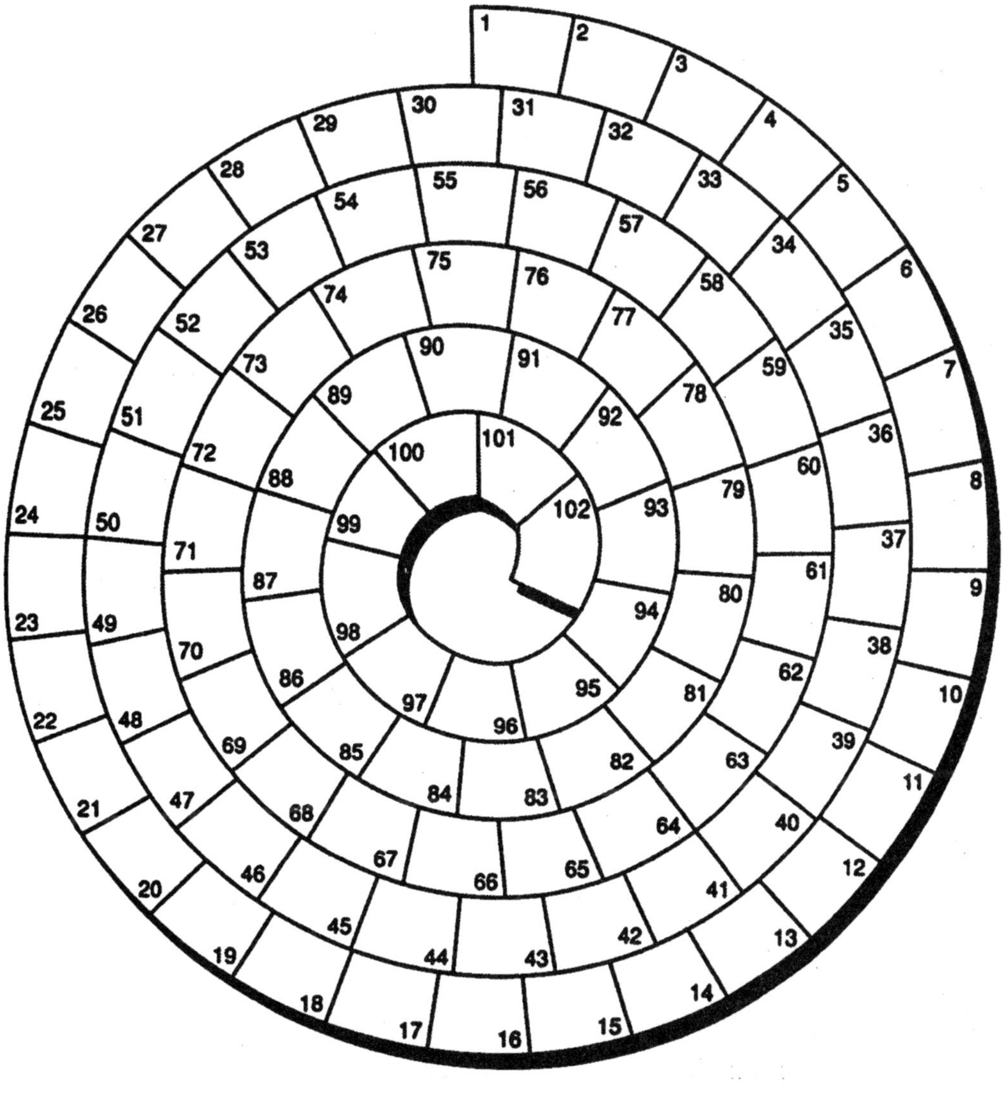

Week 23

Jesus Institutes the Lord's Supper

All of the main words from Matthew 26:20-30 (in boldface) can be placed into the grid below, except for "thanks." To make up for this exclusion, and to give you some hints, the letters from thanks are twice placed in the puzzle. If you want even more hints, the number at the beginning of each word space indicates the verse in which the word may be found.

20 **NOW** when the even was **COME**, he **SAT DOWN** with the **TWELVE.** 21 And as
they did **EAT**, he said, **VERILY** I say unto **YOU**, that **ONE** of you **SHALL** betray me.
22 And they were **EXCEEDING SORROWFUL**, and **BEGAN EVERY** one of them to
say unto him, **LORD**, is it I? 23 And he answered and said, He that **DIPPETH** his
HAND with **ME** in the **DISH**, the **SAME** shall betray me, 24 The **SON** of **MAN** goeth
as it is **WRITTEN** of him: but **WOE** unto that man by whom the Son of man is
BETRAYED! it had been **GOOD** for that man if he had not been **BORN**. 25 Then
JUDAS, which betrayed him, **ANSWERED** and said, **MASTER**, is it I? He said
UNTO him, Thou hast said. 26 And as they were eating, **JESUS** took **BREAD**, and
BLESSED it, and **BRAKE** it, and **GAVE** it to the
DISCIPLES, and said, **TAKE**, eat; this is **MY**
BODY. 27 And he **TOOK** the **CUP**, and
GAVE THANKS, and gave it **TO** them,
SAYING, **DRINK** ye all of it; 28 For
this is my **BLOOD** of the **NEW**
TESTAMENT, which is **SHED** for
MANY for the **REMISSION** of
SINS. 29 But I say unto you, I
will **NOT** drink **HENCEFORTH**
of this **FRUIT** of the **VINE**, until
that day when I drink it new
with you in my **FATHER'S**
KINGDOM. 30 And when they
had **SUNG** a **HYMN**, they went
out into the **MOUNT** of **OLIVES**.

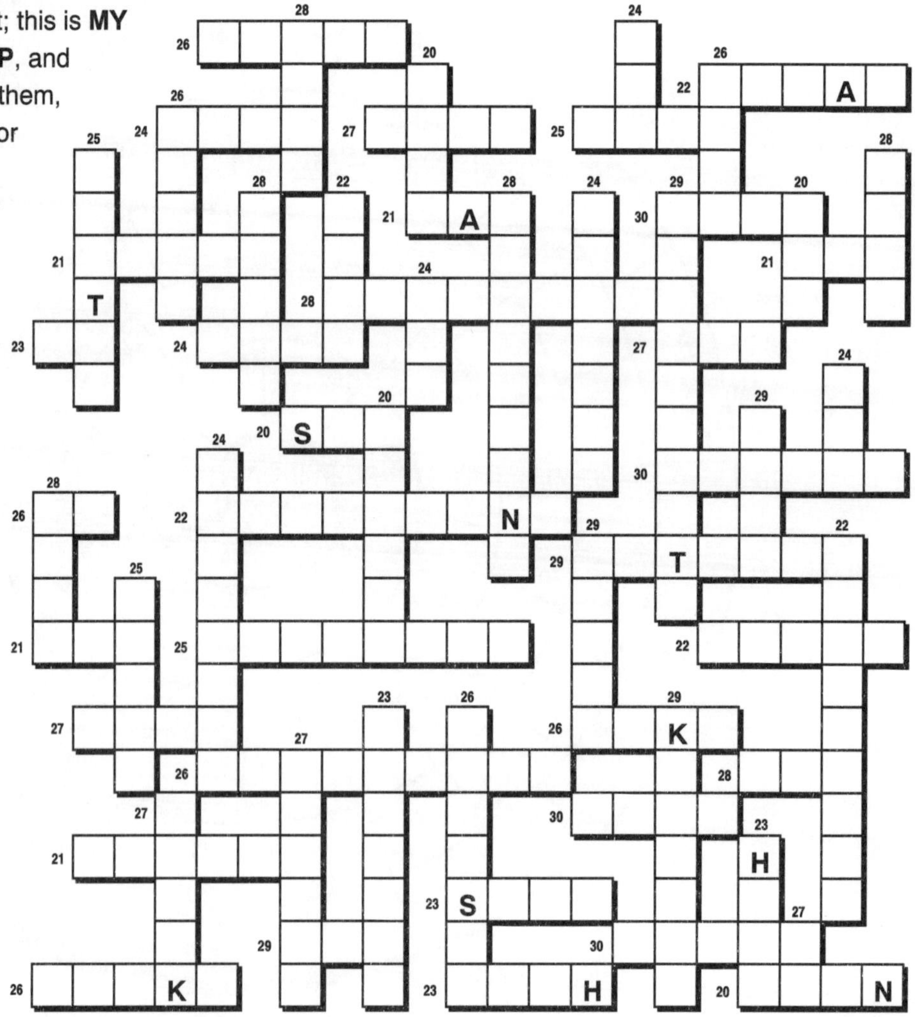

Golden Text

Week 23

Place the words from the goblet in the correct order on the spaces below to print out the golden text.

_ _ _ _   _ _   _ _

_ _ _ _ _   _ _   _ _ _   _ _ _

_ _ _ _ _ _ _ _ _,   _ _ _ _ _

_ _   _ _ _ _   _ _ _   _ _ _ _

_ _ _   _ _ _ _   _ _ _ _ _ _ _ _ _

_ _   _ _ _ _.

_ _ _ _ _ _ _   ______

TESTAMENT
REMISSION
MATTHEW
WHICH
MANY
SHED
26:28
SINS
THIS
NEW
FOR
THE
IS
IS
OF
OF
MY
THE
FOR
BLOOD

Week 24

Golden Text

Place every word of Matthew 26:65, 66 (with the exceptions of: the, of, and, he, we, is) in the puzzle. Each word is used only once, regardless of how many times it appears in the verse.

Week 24

Jesus Is Rejected

Hidden Words and Message Puzzle: Find the words listed from Matthew 26:57-68; then put the unused letters on the lines below for a prophetic revelation.

adjure
afar
all
answered
arose
assembled
away
blasphemy
buffeted
build
Caiaphas
came
clothes
council
death
destroy
elders
face
false
fellow
followed
found
guilty
hands
heard
high priest
hold
laid
living
many
none
off
palace
palms
peace
Peter
prophesy
rent
scribes
servants
smote
sought
spit
spoken
temple
us
witnesses

Y	N	A	M	J	E	S	U	H	G	N	I	V	I	L	S	S	Y	T	L	I	U	G	A	I	T
A	H	U	C	A	I	A	P	H	A	S	N	T	A	O	H	M	T	I	M	P	A	L	A	C	E
W	T	H	O	O	S	P	U	H	A	N	S	I	T	T	E	S	N	A	I	E	D	N	E	V	E
A	D	J	U	R	E	S	A	R	T	H	D	E	I	H	L	E	E	H	S	T	E	M	P	L	E
S	I	S	N	S	A	F	E	L	L	O	W	S	P	Y	S	C	R	I	B	E	S	U	N	T	O
P	E	A	C	E	Y	O	U	M	M	H	E	S	S	R	E	E	A	G	F	R	H	T	A	E	D
R	T	N	I	H	B	E	R	S	B	S	A	H	A	L	R	L	Y	H	E	E	S	H	E	E	E
O	T	S	L	T	H	U	B	U	I	L	D	E	E	S	V	O	N	P	A	O	F	G	M	D	W
P	A	W	N	O	S	N	F	I	B	T	E	L	T	I	A	F	A	R	N	G	O	U	L	N	O
H	T	E	H	L	E	A	E	F	O	U	N	D	R	I	N	G	D	I	H	T	H	O	A	N	L
E	D	R	O	C	C	R	F	K	E	P	O	E	W	E	T	R	A	E	N	D	H	S	C	E	L
S	O	E	M	I	A	O	S	M	O	T	E	R	N	G	S	D	E	S	T	R	O	Y	A	C	O
Y	I	D	N	T	M	S	H	E	F	P	E	S	E	S	S	E	N	T	I	W	E	S	L	A	F
C	L	N	O	N	E	E	O	U	F	D	S	D	S	O	F	H	E	A	U	S	V	E	L	F	N

_ _ _ _ _ _ _ _ _ _ _ _ _ _ _ _ _ _ _, _ _ _ _ _

_ _ _ _ _ _ _ _ _: _ _ _ _ _ _ _ _ _ _ _ _ _

_ _ _ _ _ _ _ _ _ _ _, _ _ _ _ _ _ _ _ _

_ _ _ _ _ _ _ _ _ _ _ _ _ _ _ _ _ _ _ _ _

_ _ _ _ _ _ _ _ _ _ _ _ _ _ _ _ _ _ _ _ _

_ _ _ _ _ _ _, _ _ _ _ _ _ _ _ _ _ _ _ _ _

_ _ _ _ _ _ _ _ _ _ _ _ _ _.

Jesus Is Mocked and Crucified

Week 25

Fill in the missing words from Matthew 27:27-44 describing the maltreatment Jesus received. The numbers currently where the words should be tell you where to place the words in the vertical list. When you are finished, the letters in the vertical boldface blanks spell out a hidden phrase.

Then the soldiers of the governor took (24) into the common hall, and gathered unto him the whole band of (4). And they (6) him, and put on him a (11) robe. And when they had platted a crown of (1), they put it upon his (13), and a reed in his right (2): and they bowed the (15) before him, and mocked him, saying, Hail, King of the (7)! And they (27) upon him, and took the (8), and (19) him on the head. And after that they had mocked him, they took the robe (20) from him, and put his (26) raiment on him, and led (22) away to crucify him.

And as they came out, they found a man of Cyrene, Simon by name: him they compelled to bear his cross. And when they were come unto a place called Golgotha, that is to say, a place of a skull, they gave him (3) to drink mingled with gall: and when he had tasted thereof, he would not drink. And they (10) him, and parted his (14), (9) lots: that it might be fulfilled which was spoken by the prophet, They parted my garments among them, and upon my vesture did they cast lots.

And (12) down they (21) him there; and set up (25) his head his accusation written, This is Jesus the King of the Jews. Then were there two thieves crucified with him; one on the right hand, and another on the left. And they that passed by (16) him, (18) their heads, and saying, Thou that destroyest the temple, and buildest it in three days, save thyself. If thou be the Son of God, come down from the cross. Likewise also the chief priests (5) him, with the scribes and elders, said, He saved others; himself he cannot save. If he be the King of Israel, let him now come (17) from the cross, and we will believe him. He trusted in God; let him deliver him now, if he will have him; for he said, I am the Son of God. The thieves also, which were crucified with him, cast the same in his (23).

1. **_** _ _ _ _ _
2. **_** _ _ _
3. _ **_** _ _ _ _ _
4. **_** _ _ _ _ _ _ _

5. _ _ _ _ **_** _ _
6. **_** _ _ _ _ _ _ _

7. **_** _ _ _
8. _ **_** _ _
9. _ _ **_** _ _ _ _ _
10. _ _ **_** _ _ _ _ _ _ _
11. **_** _ _ _ _ _ _

12. _ _ **_** _ _ _ _
13. **_** _ _ _
14. _ _ _ _ **_** _ _ _

15. **_** _ _ _
16. _ _ _ **_** _ _ _
17. _ _ _ **_**
18. _ _ **_** _ _ _ _

19. _ _ **_** _ _
20. _ _ **_**

21. _ _ **_** _ _ _ _
22. **_** _ _
23. _ **_** _ _ _

24. **_** _ _ _ _
25. _ _ **_** _
26. _ **_** _
27. **_** _ _ _

Week 25

Golden Text

Some wanted Jesus to take matters into His own hands. Read the hands to see what these people wanted.

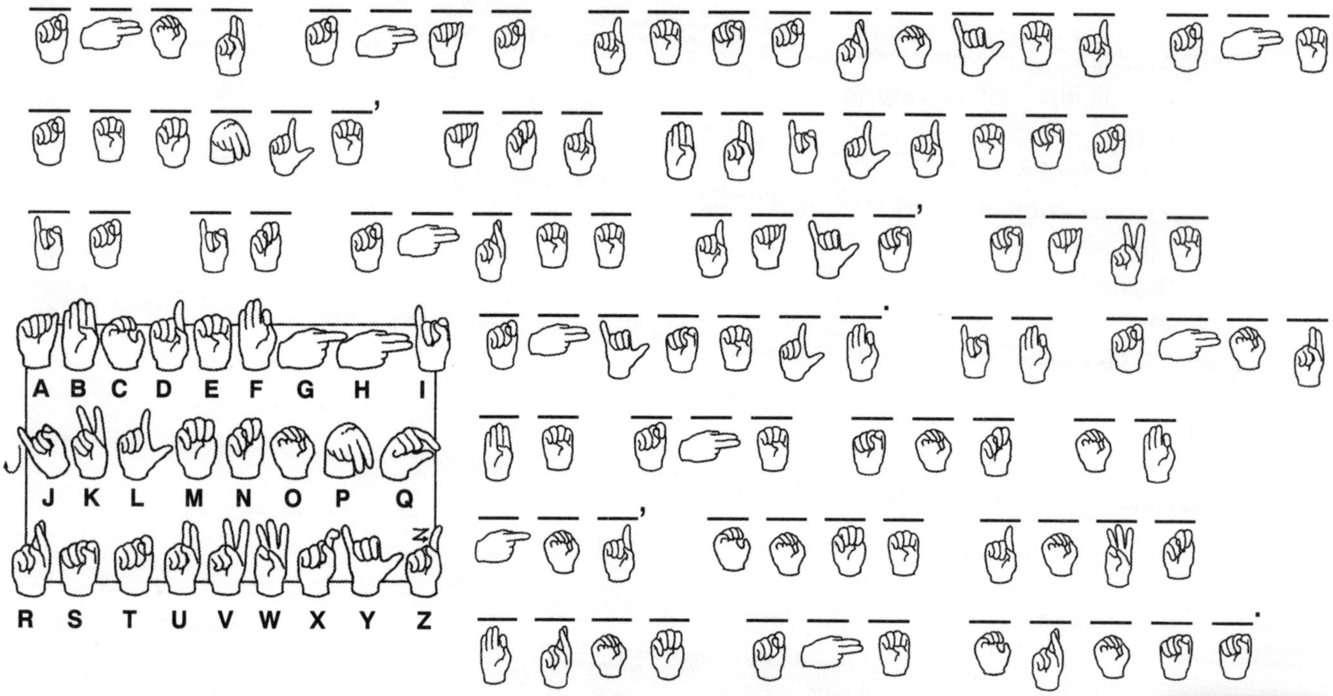

Golden Text

Week 26

"World" Golden Text Puzzle: Find and circle in the "world" each of the words from Matthew 28: 19, 20, except for "I." Each word is in the puzzle the same number of times as it is in the verse (indicated in parentheses), except for "them," which is in the puzzle only once. The unused letters spell out a message. The outlined letters are not to be used as you circle the words from the verse—they belong to the message and the O's are in place on the lines provided for you to print out that message.

ALL (I I)	FATHER	OBSERVE	TO
ALWAY	GHOST	OF (I I I I)	UNTO
AM	GO	SON	WHAT-
AMEN	HAVE	TEACH	SOEVER
AND (I I I)	HOLY	TEACHING	WITH
BAPTIZING	IN	THE (I I I I I I)	WORLD
COMMANDED	LO	THEM	YE
END	NAME	THEREFORE	YOU (I I)
EVEN	NATIONS	THINGS	

T H E G R E
Y E H A A E T T T S
O F C E S G N I H T O O
U Y A C R M M D D E E H F N
W H A T S O E V E R I A S E A S
O F W H T F M I O N T C S A M H
R O L E W E S M T S O H G A E G
L L A R O R D B A P T I Z I N G
D C E V R E S B O N ’ N E V E D
H G O I S H W Y T L D G O H M H
O F N A T I O N S V E T E A
L O T O T U U T A N D V
Y H T H E E W O N E
R L D L L A

_ _ _ _ _ _   _ O _ _ _ _ _ _ _ _ O _

_ _ O _ _   _ O _ _ _ _   _ O _ _

_ O   _ _ _   _ O _ _ _ _

The Risen Christ Commissions Disciples

Week 26

Fit words from Matthew 28:1-10, 16-20 (verses indicated) into the puzzle grid. On five lines, a single word is centered. On the other lines, the letter given is the last letter of the first word, and the first letter of the second word. Two different verses given for one line indicate two words instead of one.

vs. 19	H	vs. 2, 18
vs. 7, 10	E	vs. 1, 20
vs. 3	I	vs. 3
vs. 5, 9, 10, 18	S	vs. 2
vs. 19	R	vs. 3
vs. 19	I	vs. 19
vs. 4	S	vs. 1, 8
vs. 3	E	vs. 2
vs. 10	N	vs. 19
vs. 5	F	vs. 5
vs. 18	R	vs. 2
vs. 8	O	vs. 8
vs. 9	M	vs. 4
vs. 1	T	vs. 20
vs. 1	H	vs. 19
vs. 4	E	vs. 18
vs. 2, 6	D	vs. 1
vs. 7, 10, 16	E	vs. 16
vs. 20	A	vs. 20
vs. 16	D	vs. 7, 8, 9

Week 27

Speaking the Truth Plainly

A Lesson in Contrasts: Fill in the phases summarizing the contrasts Paul makes in 1 Corinthians 2:1-13. Then fill in the numbered letters below to print the point of the passage.

Six Things NOT to Trust In

vs. 1 ______________ (1, 3)

vs. 4 ______________ (6, 7)

vs. 5 ______________ (11, 12)

vs. 6 ______________ (14)

vs. 12 ______________ (15)

vs. 13 ______________ (17)

Six Things to KNOW & Have Faith In

vs. 2 ______________ (4, 5)

vs. 4 ______________ (8, 9)

______________ (10)

vs. 7 ______________ (13)

vs. 9 ______________ (19)

vs. 12 ______________

______________ (16)

vs. 13 ______________ (18)

4 3 17 4   18 11 16 10   5 17 6 4 3   9 3 11 16 14 13   12 11 4   9 4 17 12 13

6 12   4 3 1   7 6 9 13 11 8   11 5   8 1 12,   2 16 4   6 12   4 3 1

15 11 7 1 10   11 5   19 11 13.

(There is no numeral 2 in the code phrases. Use the letter in the number 2 position of the alphabet to complete the "point of the passage" verse.)

Golden Text

Week 27

Use this key to decode the golden text.

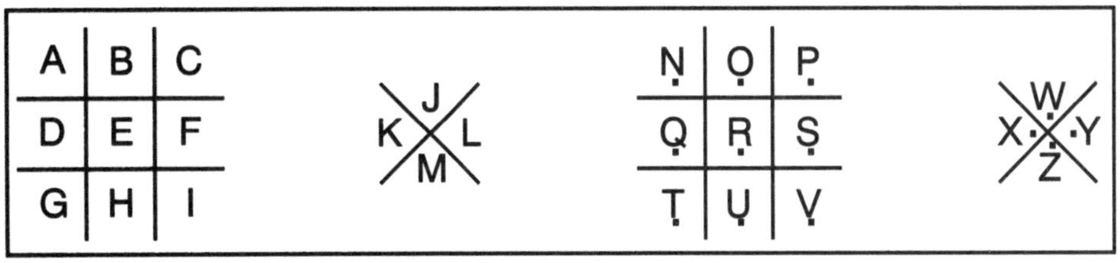

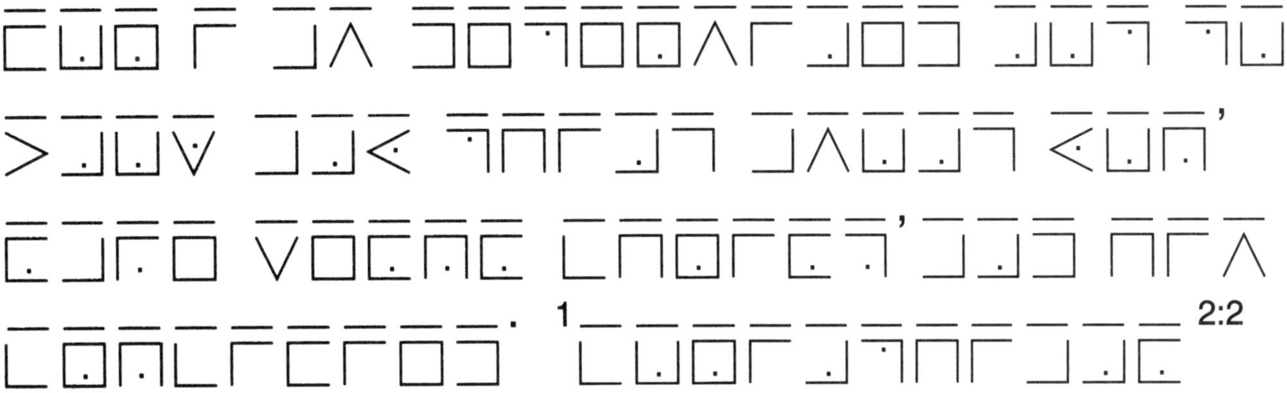

Week 28

Golden Text

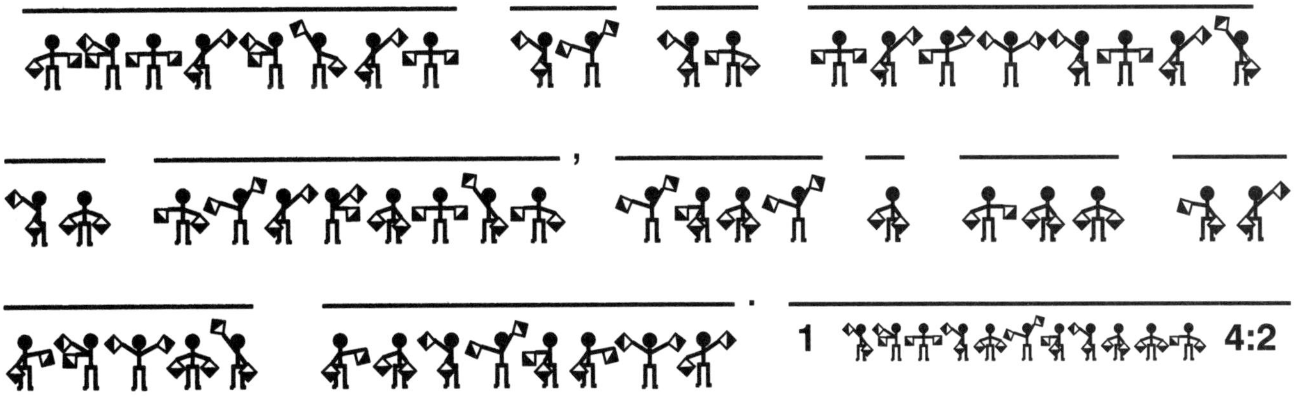

Week 28 Being Faithful Under Stress

A Word Search Without Stress. Most of the words from 1 Corinthians 4:1, 2, 6-16 are in this puzzle. To make this the most stress-free word search you've ever done, only the longest word is on the diagonal, and all of the underlined words are backwards or from bottom to top!

DWELLING PLACE	BUFFETED	FOUND	BOTH	LET
OFFSCOURING	ACCOUNT	HANDS	LAST	SET
TRANSFERRED	ANOTHER	THIRST	RICH	WE
HONOURABLE	RECEIVED	FIGURE	WISE	MY
PERSECUTED	DESPISED	ABOVE	SONS	NO
FOLLOWERS	APOLLOS	DEATH	NOW	ME
APPOINTED	BELOVED	GLORY	WHO	AS
THOUSAND	ENTREAT	FILTH	MAN	TO
MOREOVER	HUNGER	BLESS	AND	SO
MINISTERS	PRESENT	NAKED	DAY	OF
STEWARDS	ANGELS	SHAME	GOD	IN
BRETHREN	CHRIST	WORLD	NOT	UP
MYSTERIES	DIFFER	REIGN	ONE	US
SPECTACLE	GOSPEL	FOOLS	YOU	BE
FAITHFUL	STRONG	HOUR	ARE	YE
BEGOTTEN	MYSELF	MANY	TEN	IS
REQUIRED	PUFFED	WARN	ALL	IT
APOSTLES	THINGS	WEAK	THE	

U	S		T	H	O	U	S	A	N	D	D	I	F	F	E	R	A	S	W	O	N
W	E		D	E	F	F	U	P	O	O	A	S	O	O	F	I	L	T	H		
I	T	H	I	N	G	S		P	T	G	Y	H	O	U	R	C	L	E	O		
U	P	A	K		B	E	G	O	T	T	E	N	L	N	M	H	U	N	G	E	R
D	R	N	A	R	E	Q	U	I	R	E	D		S	D	E	T	E	F	F	U	B
E	E	D	E	A	T	H	A	N	G	E	L	S	R	E	H	T	O	N	A	N	L
S	S	S	W	G	N	O	R	T	S	R	E	V	O	E	R	O	M	B	P	A	E
P	E	R	S	E	C	U	T	E	D	A	N	D		M	A	N	Y	O	O	K	S
I	N			H	L	E	T	D	L	R	O	W		A	P	O	S	T	L	E	S
S	T	O	F	O	L	L	O	W	E	R	S	T	S	R	I	H	T	H	L	D	N
E		M	A	N	T	S	I	R	H	C	R	E	C	E	I	V	E	D	O	N	E
D	B	E	L	O	V	E	D	N	S	E	T	S	T	E	W	A	R	D	S	I	R
A	C	C	O	U	N	T		O	G	S	R	E	T	S	I	N	I	M		N	H
S	E	N	T	R	E	A	T	O	S	P	E	C	T	A	C	L	E	Y	R	G	T
H	U	W	F	A	I	T	H	F	U	L	L	A	S	T	G	O	S	P	E	L	E
A	O	I	A	B	O	V	E	S	O	N	S	A	F	I	G	U	R	E	I	O	R
M	Y	S	E	L	F	I	S		O	F	F	S	C	O	U	R	I	N	G	R	B
E	B	E	Y	E	T	R	A	N	S	F	E	R	R	E	D	W	A	R	N	Y	

Resisting Temptation

Week 29

Building With Scripture. Use the odd numbered words in the foundation and the even numbered words in the edifice (place each word on its corresponding numbered blank) to build upon God's Word.

1-WE
2-AND
3-SHOULD
4-DID
5-NOT
6-ALL
7-LUST
8-EAT
9-AFTER
10-THE
11-EVIL
12-SAME
13-THINGS
14-SPIRITUAL
15-NEITHER
16-MEAT
17-BE
18-DRINK
19-YE
20-THEY
21-IDOLATORS
22-DRANK
23-LET
24-OF
25-US
26-THAT
27-COMMIT
28-ROCK
29-FORNICATION
30-FOLLOWED
31-TEMPT
32-THEM
33-CHRIST
34-WAS
35-MURMUR
36-CHRIST
37-HIM
38-CUP
39-THAT
40-BLESSING
41-THINKETH
42-WHICH
43-HE
44-WE
45-STANDETH
46-BLESS
47-TAKE
48-IS
49-HEED
50-IT
51-LEST
52-NOT
53-FALL
54-COMMUNION
55-FLEE
56-BODY
57-FROM
58-BEING
59-IDOLATRY
60-MANY
61-JUDGE
62-ARE
63-WHAT
64-ALL
65-I
66-PARTAKERS
67-SAY
68-FOR
69-FROM
70-BLOOD
71-FIRST
72-BREAD
73-CORINTHIANS
74-BREAK
75-TEN
76-ONE

___ (2)

___ ___ ___ (4 6 8)

___ ___ ___ ___; (10 12 14 16)

___ ___ ___ ___ ___ ___ ___ ___; (2 4 6 18 10 12 14 18)

___ ___ ___ ___ ___ ___ ___ ___ ___ ___: (68 20 22 24 26 14 28 26 30 32)

___ ___ ___ ___ ___. . . . ___ ___ ___ ___ ___ ___ ___, (2 26 28 34 36 10 38 24 40 42 44 46)

___ ___ ___ ___ ___ ___ ___ ___ ___ ___? (48 50 52 10 54 24 10 70 24 36)

___ ___ ___ ___ ___, ___ ___ ___ ___ ___ (10 72 42 44 74 48 50 52 10 54)

___ ___ ___ ___ ___? ___ ___ ___ ___ ___ ___ ___, (24 10 56 24 36 68 44 58 60 62 76 72)

___ ___ ___: ___ ___ ___ ___ ___ ___ ___ ___ ___ (2 76 56 68 44 62 64 66 24 26 76 72)

___ ___ ___ ___ ___ ___ ___ — ___ ___ ___ ___ — ___ (1 3 5 7 9 11 13 15 17 19 21 15)

___ ___ ___ ___ — ___ ___ ___ ___ ___ — ___ ___ (23 25 27 29 15 23 25 31 33 15 35)

___ — ___ ___ ___ ___ ___ ___ ___ ___ ___ ___ ___ — ___ ___ (19 23 37 39 41 43 45 47 49 51 43 53 55 57)

___ — ___ ___ ___ ___ ___. (___ ___ ___ ___) (59 61 19 63 65 67 69 71 73 75)

Week 29

Golden Text

Pathway Puzzle. 1 Corinthians 10:13 contains the way to escape from sin. To find this path through the roadblocks below, blot out the words (listed) not found in the verse. These words may be used more than once. The way of escape starts at the *.

B	U	O	Y	N	E	R	R	O	R	S	D	A	B	O	V	E	E	T	E	M	P	C	O	V	E	T
U	A	D	E	E	V	W	I	L	L	N	E	E	N	V	Y	T	H	S	I	N	T	A	N	G	E	R
T	N	E	N	K	I	O	S	I	N	O	T	V	I	C	E	H	T	B	A	D	A	P	R	I	D	E
S	G	V	E	A	C	H	B	A	D	T	P	L	U	S	T	A	H	N	O	I	T	E	T	H	A	T
U	E	I	M	T	E	W	L	U	F	S	M	S	C	E	Y	T	T	A	G	D	S	P	S	I	N	Y
C	R	L	Y	N	O	I	T	A	H	U	E	I	O	A	U	E	I	L	L	E	P	A	Y	A	M	E
H	*T	H	E	R	E	L	E	T	T	F	T	N	R	R	N	R	W	S	U	P	O	C	B	T.	I	W
A	S	I	S	C	H	U	V	P	I	F	E	B	R	E	T	R	L	O	T	R	T	S	E	L	R	R
E	V	I	L	O	A	S	I	M	A	E	N	O	U	A	R	O	L	M	T	A	T	E	A	A	A	O
T	N	O	M	M	T	T	L	E	F	R	O	T	P	B	U	R	I	A	O	V	E	O	B	Z	E	N
O	E	N	V	Y	H	N	O	T	S	Y	O	U	T	L	E	S	W	K	N	E	D	T	L	Y	B	G
M	A	N:	B	U	T	G	O	D	I	E	V	I	L	E;	B	U	T	E	A	W	A	Y	E	T	O	S

ROAD-BLOCKS:

ANGER	DEPRAVE	ERRORS	LUST	SPOTTED
BAD	DEVIL	EVIL	NO	UNTRUE
CORRUPT	ENEMY	GLUTTON	PRIDE	VICE
COVET	ENVY	LAZY	SIN	WRONGS

Golden Text

Week 30

The Right Prescription. Prescriptions are often hard to read, but if you can decipher this one, you'll find it is the prescription you need.

B prfct

B of gd kum4t

B of 1 R.A.

ADL in P's

& the DR of TLC & P's

WN B w/ U

2 Cor. Bill

Here are some hints:

gd is similar to "rm," which stands for room

R.A. stands for "Reality Assessment." Replace with a four-letter word describing the part of the body where R.A. takes place.

ADL stands for "Activities of Daily Living." Replace with a four-letter word that means what you are doing when ADL are taking place (same root word as "L").

DR replace with the three-letter name of the supreme doctor

TLC stands for "Tender Loving Care." Replace with a four-letter word from the same root as the second word in the phrase.

WN stands for "whenever necessary," which is always. Replace with a five letter word hinted at in this sentence.

w/ stands for "with"

Bill you expect one with any prescription. Separate the first letter from the rest of the word, and from itself. Then shorten the main part of the second letter, and you'll have the source of this prescription, which is already paid.

Dealing With Conflict

Week 30

An Edifying Message From the Apostle Paul. Blot out the negative words from 2 Corinthians 12:19-21; 13:5-10 to reveal a positive message from Paul. (Write the clean letters on the spaces below.)

E	R	X	A	L	M	I	N	E	*	Y	O	U	R	S	E
L	E	V	E	A	S	*	W	H	E	T	H	E	R	*	Y
E	P	*	B	S	E	*	I	N	*	T	H	S	E	*	F
A	R	I	T	C	H	*	D	O	*	T	H	H	A	T	*
F	O	R	N	I	C	A	T	I	O	N	W	A	H	I	C
E	B	H	*	V	D	E	B	A	T	E	S	R	I	S	D
A	A	*	H	I	W	R	A	T	H	S	O	P	N	E	E
R	T	S	T	O	U	N	C	L	E	A	N	N	E	S	S
*	E	X	C	U	S	E	K	W	E	*	W	E	I	W	T
S	S	H	B	S	*	E	B	V	E	N	*	S	Y	E	R
O	U	R	E	N	V	Y	I	N	G	S	*	S	P	L	U
E	R	F	W	E	A	K	T	U	M	U	L	T	S	L	C
E	C	T	A	S	T	R	I	F	E	S	I	O	N	I	T
*	P	A	I	S	I	N	N	E	D	U	L	*	2	N	I
E	V	I	L	*	C	O	G	R	I	N	T	H	I	G	O
A	N	S	*	W	H	I	S	P	E	R	I	N	G	S	N

_ _ _ _ _ _ _   _ _ _ _ _ _ _ _ _ _

_ _ _ _ _ _ _   _ _   _ _   _ _   _ _ _   _ _ _ _ _

_ _   _ _ _ _   _ _ _ _ _   _ _   _ _ _ _ _ _

_ _   _ _ _ _   _ _ _ _   _ _ _ _

_ _ _ _ _ _ _ _ _ _

_ _ _ _   _   _ _ _ _ _ _ _ _ _ _ _

More help: the words to be marked out are:

EVIL
FEAR
WEAK
EXCUSE
SINNED

BEWAIL
STRIFES
DEBATES
WRATHS
TUMULTS

ENVYINGS
SWELLINGS
SHARPNESS
REPROBATES
WHISPERINGS

BACKBITINGS
DESTRUCTION
FORNICATION
UNCLEANNESS
LASCIVIOUSNESS

Week 31

Building Up the Body

Build a Body Puzzle. Place the words from 1 Corinthians 12:4-20, 26 into the grid. When the number comes first, place it horizontally; when the letter comes first, place it vertically..

(4) ___36d___ there are ___h11___ of gifts, but the ___17b___ Spirit. **(5)** ___23a___ there are ___e13___ of ___d21___, but the same ___f3___. **(6)** And there are diversities of ___i9___, but it ___24h___ the same ___8d___ which worketh all in ___9b___. **(7)** But the ___b11___ of the Spirit is given ___f22___ every ___25b___ to ___29c___ withal. **(8)** For to one is given ___10a___ the Spirit the ___18c___ of ___9e___; to another the word of ___e27___ by the same Spirit; **(9)** to another ___24b___ by the same Spirit; to ___h26___ the ___f27___ of healing by the same Spirit; **(10)** to another the working of ___21a___; to another ___c26___; to another ___f8___ of spirits; to another divers ___17g___ of ___34b___; to another the ___g18___ of tongues: **(11)** but all these worketh that one and the selfsame ___26b___, dividing to ___32e___ man ___i24___ as ___10g___ will. **(12)** For as the ___k18___ is one, and hath many ___g3___, and all the members of that one body, ___39c___ many, are one body: so ___d2___ is ___40b___. **(13)** For by one Spirit are ___15c___ all ___j10___ into one body, whether we be ___16a___ or ___k10___, whether we be ___22a___ or ___25e___; and have been all made to ___14c___ into one Spirit. **(14)** For the body is not ___13a___ member, but ___11b___. **(15)** ___15f___ the ___33f___ ___g9___ say, Because I ___10d___ not the ___20c___, I am not of the body; is it therefore ___38d___ of the body? **(16)** And if the ___8h___ shall ___37d___, Because ___18j___ am not the ___12d___, I am not ___d18___ the body; is it therefore not of the body? **(17)** If the ___e2___ body were ___19c___ eye, where were ___7e___ hearing? If the whole were ___j19___, where were the ___b26___? **(18)** ___a10___ now hath God ___35d___ the members every one of them ___19f___ the body, ___16g___ it hath ___c8___ ___1e___. **(19)** And if they ___22h___ all one member, where were the body? **(20)** But now ___d13___ they ___h2___ members, ___k21___ but one body. **(26)** And whether ___2e___ member ___i18___, all the members suffer with it; ___23h___ one member be honored, all the members ___a14___ with it.

	a	b	c	d	e	f	g	h	i	j	k
1											
2											
3											
4											
5											
6											
7											
8											
9											
10											
11											
12											
13											
14											
15											
16											
17											
18											
19											
20											
21											
22											
23											
24											
25											
26											
27											
28											
29											
30											
31											
32											
33											
34											
35											
36											
37											
38											
39											
40											

Golden Text

Week 31

What we have been given is of more value than any amount of money. Translate the monetary symbols for a priceless message.

N = -0- P = % R = $ S = ¢ T = £ V = ¥

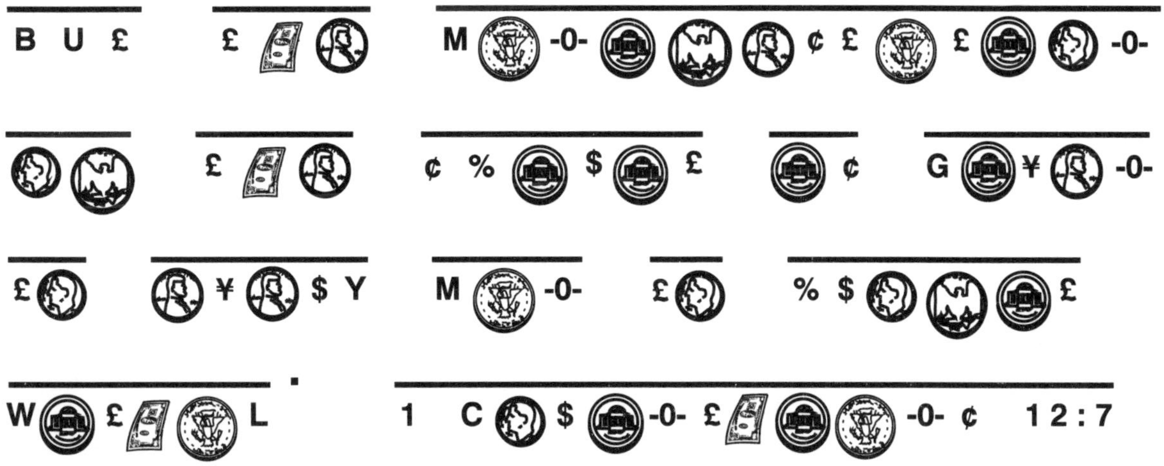

Week 32

Golden Text

All things fit together nicely when everyone does his or her part. Fit the words from 1 Corinthians 14:26 into the puzzle grid. The opening phrases go around the perimeter. No words are repeated. The only punctuation used is in place, and the letter "o" is in place as a guide.

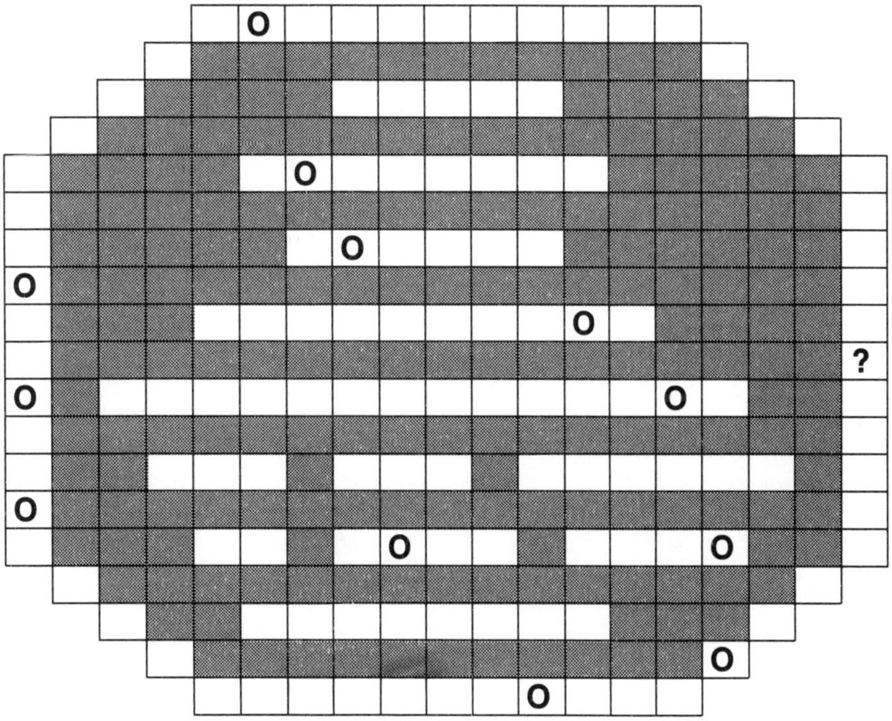

Week 32 Growing Through Worship

Place the **bold** words from 1 Corinthians 14:20-33a into the puzzle grid. The numbers in the grid indicate the verses in which the words are found. If more than one bold word in a verse has the same number of letters, there may be a letter in place to help you.

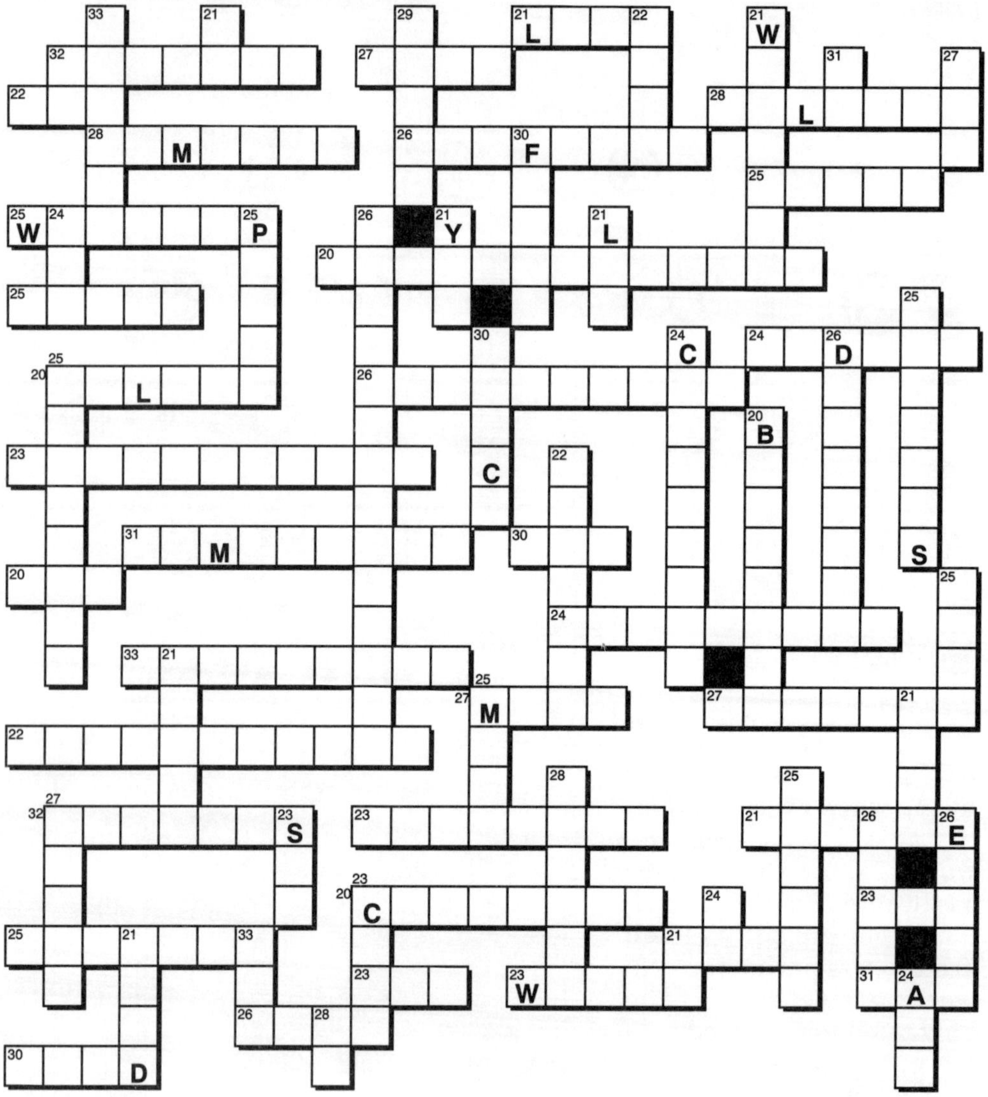

v. 20 **Brethren,** be not **children** in **understanding:** howbeit in **malice** be ye children, but in understanding be **men**.

v. 21 In the **law** it is **written,** With men of **other** tongues and other **lips** will I speak unto this **people**; and **yet** for all that **will** they not **hear me,** saith the **Lord.**

v. 22 Wherefore **tongues** are for a **sign**, not to them that believe, but to them that believe **not:** but **prophesying** serveth not for them that believe not, but for them which believe.

v. 23 If therefore the **whole** church be **come together** into one **place,** and all speak with tongues, and there come in those that **are** unlearned or **unbelievers,** will they not **say** that ye are **mad?**

v. 24 But if **all** prophesy, and there come in **one** that believeth not, or one **unlearned,** he is **convinced** of all, **he** is **judged** of all:

v. 25 and thus are the **secrets** of his **heart made manifest;** and so **falling down** on his face he will **worship** God, and **report** that God is in you of a **truth.**

v. 26 How is it then, brethren? when ye come together, **every** one of you hath a **psalm,** hath a **doctrine,** hath a tongue, hath a **revelation,** hath an **interpretation**. Let all things be **done** unto **edifying**.

v. 27 If any man **speak** in an **unknown** tongue, **let** it be by two, or at the **most** by three, and **that** by course; and let one interpret.

v. 28 But if there be **no** interpreter, let him keep **silence** in the **church** and let him speak to **himself**, and to God.

v. 29 Let the prophets speak two or **three,** and let the other judge.

v. 30 If **any** thing be revealed to another that sitteth by, let the **first hold** his **peace.**

v. 31 For **ye may** all prophesy one by one, that all may learn, and all may be **comforted.**

v. 32 And the **spirits** of the prophets are **subject** to the prophets.

v. 33 For **God** is not the **author** of **confusion**, but of peace.

Being a Resurrection People

Week 33

Crossword Puzzle. Clues are given for certain words from Luke 24:1-11 and 1 Corinthians 15. Read the passages to familiarize yourself with the words before you read the clues.

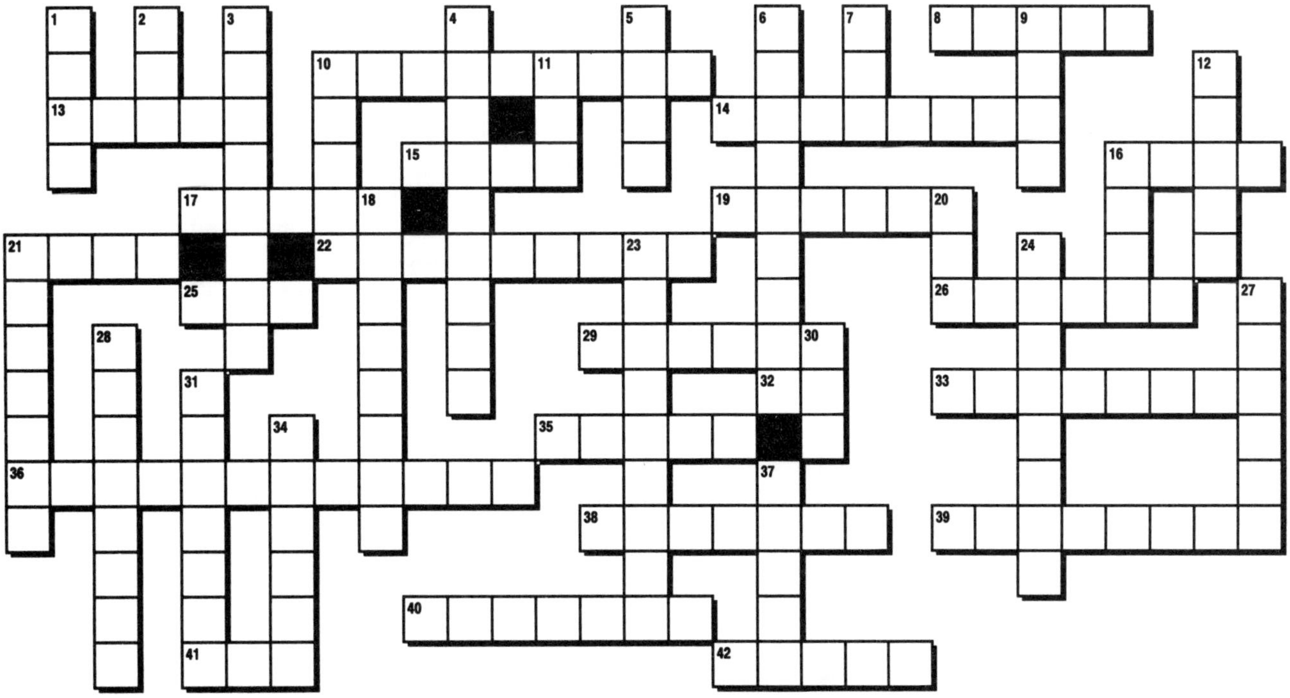

Across

8. Savior
10. observers
13. a rock
14. KJV for male siblings
15. we are part of this
16. labor
17. at the end of arms
19. number after Judas
21. meaningless
22. unmovable
25. op. of women
26. gratitude
29. herbs & _ _ _ _ _ _
31. _ _ or die
33. op of forget
35. op of true
36. rising from the dead
38. glistening
39. came back
40. came in
41. Sovereign
42. A sharp pain

Down

1. to go by
2. a pair
3. ready
4. steadfast
5. op. of living
6. confused
7. y _ _
9. misdeeds
10. sentences are made of _ _ _ _
11. to tell
12. op. of late
16. seven days
18. op. of weakness
20. That is _ _ _ funny
21. op. of defeat
23. grave
24. clothing
27. fearful
28. disciples
30. male child
31. op. of evening
34. KJV for see or look
37. op of last

Week 33

Golden Text

A Solid Sentence. Place the words from 1 Corinthians 15:58 into the grid to build a reliable construction. One word goes into each of the dark outlines. The opening phrase and the last three words are not used.

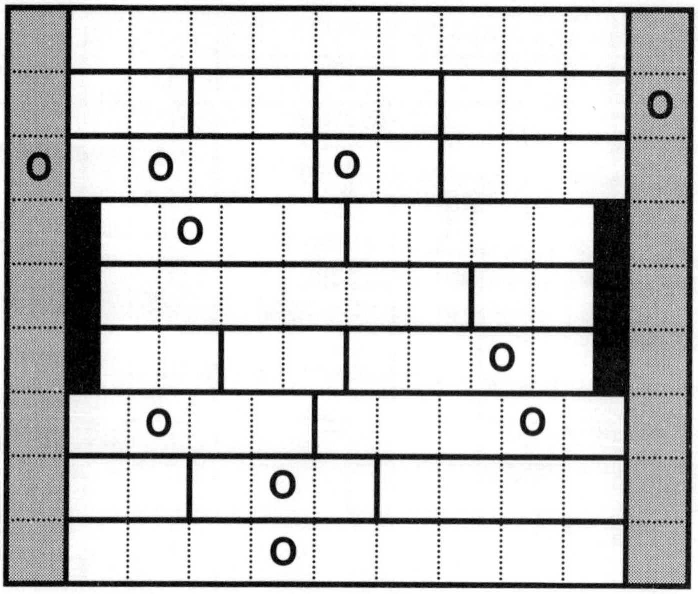

Golden Text

Week 34

This alphabet may be a stumblingblock to comprehension, but if you decode the message, you will be reminded of a very important aspect of Christian living.

Key:

A	B	C	D	E	F	G	H	I	J	K	L	M	N	O	P	R	S	T	U	V	W	Y
£	¢	∞	§	¶	∑	®	«	ø	ß	∂	ƒ	©	Δ	Ω	√	¤	‡	°	±	◊	¿	»

° £ ∂ ¶   « ¶ ¶ §   ƒ ¶ ‡ °   ¢ »   £ Δ »   © ¶ £ Δ ‡

° « ø ‡   ƒ ø ¢ ¶ ¤ ° »   Ω ∑   » Ω ± ¤ ‡   ¢ ¶ ∞ Ω © ¶

£   ‡ ° ± © ¢ ƒ ø Δ ® ¢ ƒ Ω ∞ ∂   ° Ω   ° « ¶ ©

° « £ °   £ ¤ ¶   ¿ ¶ £ ∂   1   ∞ Ω ¤ ø Δ ° « ø £ Δ ‡ 8:9

Exercising Liberty Wisely

Week 34

Word Find and Oops Message. Find the **boldface** words from 1 Corinthians 8 in the word search. When finished, put the unused letters on the spaces below for a straightforward message from God.

Now as **touching** things offered unto idols, we know that we all have knowledge. Knowledge puffeth up, but **charity edifieth**. . . . But if any man **love God**, the same is known of him.

As **concerning** therefore the eating of those things that are offered in **sacrifice** unto idols, we know that an idol is nothing in the **world**, and that there is **none other** God but **one**. For **though** there be that are **called** gods, whether in **heaven** or in **earth**, (as there be gods many, and **lords** many,) but to us there is but one God, the **Father**, of whom are all things, and we in him; and one Lord Jesus **Christ**, by whom are all things, and we by him.

Howbeit there is not in every man that knowledge: for **some** with **conscience** of the idol unto this hour eat it as a thing **offered** unto an idol; and their conscience being weak is **defiled**. But meat **commendeth** us not to God: for **neither**, if we eat, are we the **better**; neither, if we eat not, are we the worse. But take **heed lest** by any **means** this **liberty** of yours **become** a **stumblingblock** to them that are **weak**. For if any man see thee which hast knowledge sit at **meat** in the idol's **temple**, **shall** not the conscience of him which is weak be **emboldened** to eat those things which are offered to **idols**; and through thy knowledge shall the weak brother **perish**, for whom Christ **died**? But when ye sin so **against** the **brethren**, and **wound** their weak conscience, ye sin against Christ. **Wherefore**, if meat make my brother to offend, I will eat no **flesh** while the world **standeth**, lest I make my brother to **offend**.

A	S	N	D	T	H	O	U	G	H	L	O	N	E	L	I	F	A	C
G	O	D	N	W	E	A	K	Y	M	O	A	O	M	E	A	N	S	H
N	M	I	T	O	E	H	H	E	A	V	E	N	S	S	I	O	H	A
W	E	E	W	R	D	N	K	T	G	E	M	E	A	T	H	F	A	R
H	I	D	O	L	S	A	C	T	A	H	E	K	C	N	O	F	L	I
E	W	E	U	D	T	H	O	A	I	N	L	O	R	D	S	E	L	T
R	C	O	N	C	E	R	N	I	N	G	Y	L	I	B	E	R	T	Y
E	T	B	D	H	E	I	S	N	S	G	D	E	F	I	L	E	D	H
F	L	E	S	H	M	E	C	K	T	P	E	R	I	S	H	D	C	N
O	S	T	U	M	B	L	I	N	G	B	L	O	C	K	O	E	A	T
R	W	T	E	T	O	H	E	N	O	R	T	H	E	I	N	D	L	O
E	T	E	M	P	L	E	N	O	W	E	G	Y	E	F	T	I	L	U
A	S	R	H	E	D	O	C	U	O	T	H	E	R	A	G	F	E	C
N	E	I	T	H	E	R	E	H	C	H	R	I	S	T	T	I	D	H
C	O	M	M	E	N	D	E	T	H	R	T	O	K	H	N	E	O	I
S	T	A	N	D	E	T	H	W	B	E	C	O	M	E	I	T	C	H
O	F	F	E	N	D	O	R	.	8	N	:	E	A	R	T	H	2	G

___ __ ___ ___ _____ ____ __ ________

___ ______, __ ________ ________ ___ __

__ ______ __ _____. ____. _:_

Week 35 Caring for One Another

Weighty Words Puzzle Key. Paul had some ponderous thoughts to express in 2 Corinthians 1:3-14, and used some weighty words in doing so. How many of the words can you recall? Some letters are in place in the left column to get you started. In the right column are synonyms, or meanings for the missing words. As you fill in some words and eliminate their meanings from the list, the remaining clues may help you with this multi-syllabled word list.

A B _ U N D _ _ _	1	e	a. lost hope
A B U N D _ _ _ _ _	2	o	b. conduct
A C _ _ _ _ _ _ _ _ _	3	h	c. sharers
A F _ _ _ _ _ _ _	4	k	d. trouble
C O _ _ O _ _ _ _ _	5	j	e. runs over
C O _ S _ _ _ _ _ _	6	p	f. verdict
C O _ S _ _ _ _ _ _ _	7	m	g. pains
C O _ _ _ _ _ _ T I O N	8	b	h. know
D E _ _ _ _ R E D	9	s	i. purity
D E _ _ _ _ R E D	10	a	j. cheers
E F _ _ _ _ _ _ _	11	q	k. grieved
E N _ _ _ _ _ _	12	r	l. witness
P A _ _ _ _ _ _ _	13	c	m. solace
R E _ O I _ _ _ _	14	u	n. simple
S A _ _ _ _ I O _	15	t	o. richly
S E _ _ _ _ _ _	16	f	p. moral mind
S I _ _ _ _ _ I T Y	17	n	q. able
S I _ _ _ _ I T Y	18	i	r. lasting
S U _ _ _ _ _ _ _ _	19	g	s. set free
T E _ _ _ _ _ _ _	20	l	t. save
T R _ _ _ _ _ _ _ _ _	21	d	u. joy

Golden Text

Week 35

A message of comfort is coded below. Decode for a wonderful reminder.

Code to Expand Message:

A. ^{1}able ^{2}all ^{3}any ^{4}are
B. blessed
C. comfort
E. even
F. Father
G. God
J. Jesus
K. Christ
L. Lord
M. ^{1}may ^{2}mercies
O. ^{1}our ^{2}ourselves
t. ^{1}that ^{2}the ^{3}them
T. ^{1}tribulation ^{2}trouble
W. ^{1}where ^{2}which ^{3}who ^{4}with

Condensed Message of Comfort:

B be G, E t^{2} F of O^{1} L J K, t^{2} F of M^{2}, & t^{2} G of A^{2} C; W^{3} Ceth us in A^{2} O^{1} T^{1}, t^{1} we M^{1} be A^{1} to C t^{3} W^{2} A^{4} in A^{3} T^{2} by t^{2} C W^{1}W^{4} we O^{2} A^{4} Ced of G.

Expanded Message of Comfort:

____

____

Week 36

Golden Text

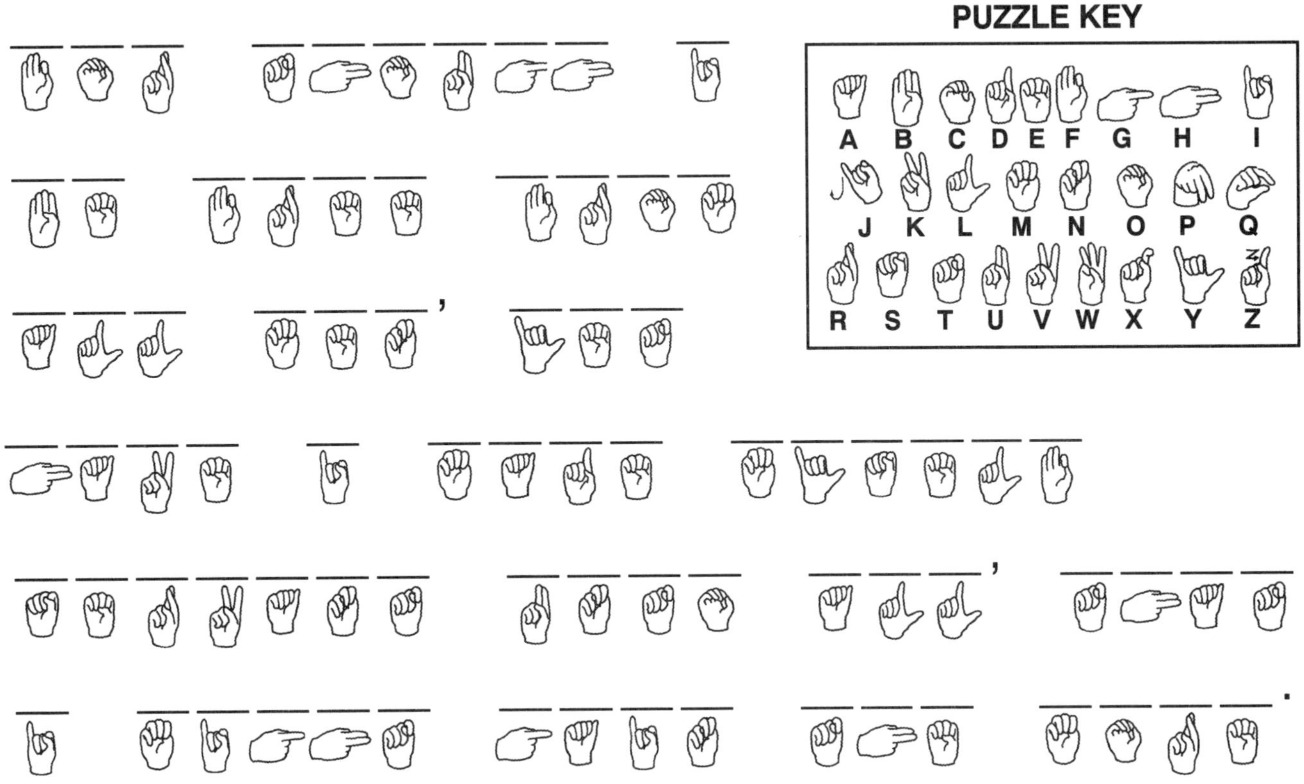

Week 36

Living in Christian Freedom

Unscramble the words from 1 Corinthians 9:1-7, 19-27 listed below and put them in the appropriate phrases. Then place the numbered letters in order to print out a message.

Unfinished Phrases

Am I not an ___ ___ ___ ___[1] ___ ___ ___ ?

. . . yet ___ ___ ___ ___ ___ ___[2] ___ ___ ___ I am to you.

Mine answer to them that do ___ ___ ___ ___[3] ___ ___ ___ me . . .

Have we not ___ ___[4] ___ ___ ___ . . .

. . . and as the ___ ___ ___ ___ ___[5] ___ ___ ___ of the Lord,

. . . have not we power to ___ ___ ___ ___ ___[6] ___ ___ . . .

Who goeth a warfare any ___[7] ___ ___ ___ . . .

. . . I made myself ___ ___ ___ ___[19] ___ ___ ___ . . .

. . . that I might ___ ___ ___ ___[20] . . .

. . . under the law to ___ ___ ___ ___[21] ___ ___ ,

To the weak ___ ___ ___ ___[22] ___ ___ I as weak

And this I do for the ___[23] ___ ___ ___ ___ ___ ___ ' ___ sake,

So run, that ye may ___ ___[24] ___ ___ ___ ___ .

And every man that striveth for the ___ ___ ___ ___ ___ ___ ___[25] . . .

. . . therefore so run, not as ___ ___ ___ ___ ___ ___ ___ ___ ___ ___ ___

I have ___ ___ ___ ___ ___ ___ ___ ___[27] to others

Scrambled Words

AMIXENE
BOTINA
BROAFER
GELPOSS
HEDPACER
IGNA
MEBACE
MITE
SLATOPE
SMATYRE
SRANTEV
STEBULODS
STRICH
TERBHERN
TUNLERICANY
WROPE

Message

21   22 3   3 22 27 6   22 2 2   7 5 21 20 23 1

7 4   22 2 2   3 6 20,

7 5 22 7   21   3 21 23 5 7   24 25   22 2 2   3 6 22 20 1

1 22 19 6   1 4 3 6.

Working for Reconciliation

Week 37

Starting with the LORD and OURSELVES we can build around the theme of RECONCILIATION. Fit the words of 2 Corinthians 5:11-21 into the grid. The clue for each word is the verse number and the word position in the verse.

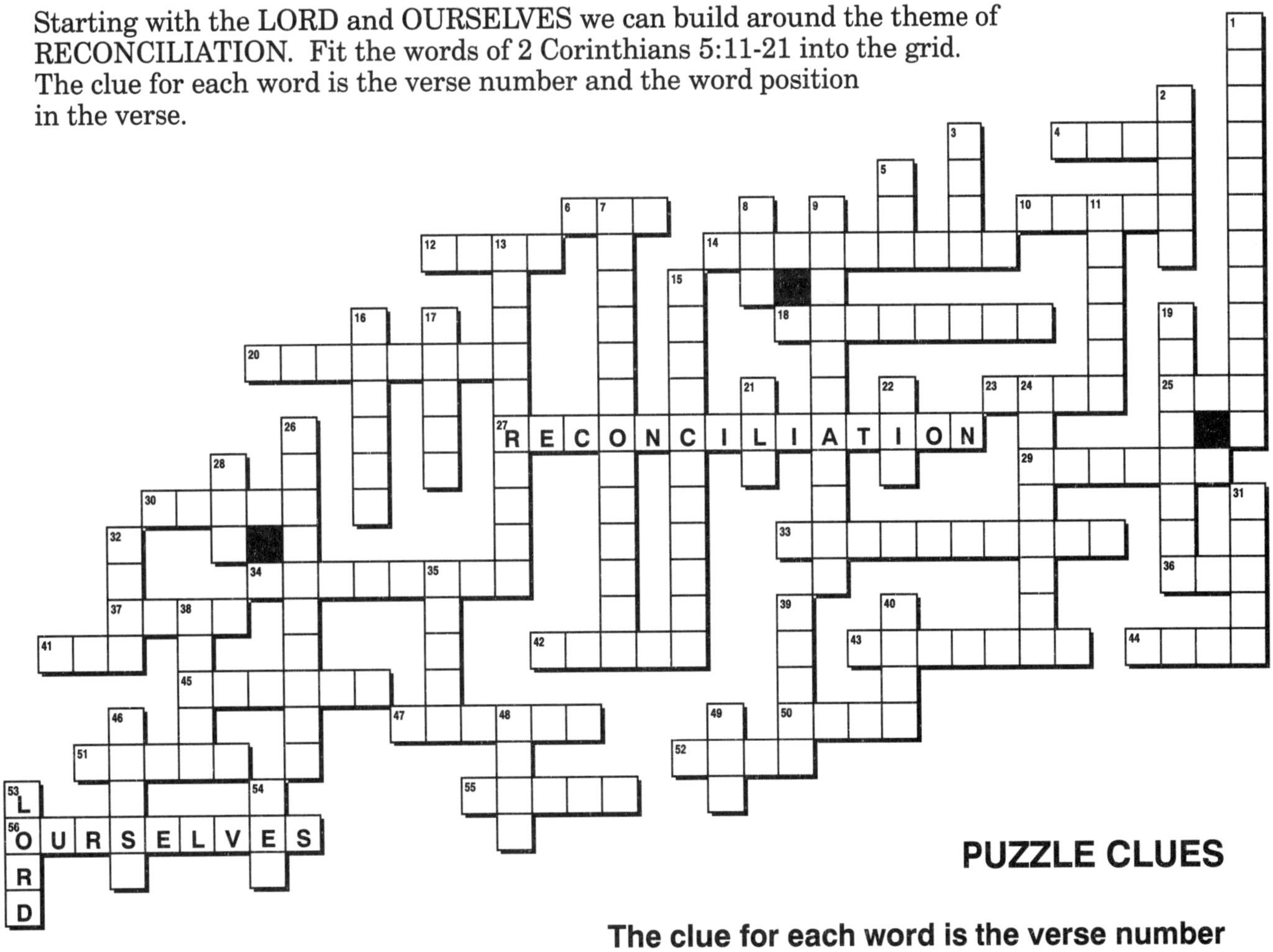

PUZZLE CLUES

The clue for each word is the verse number and the order number of the word in the verse.

1	14-6	12	14-21	24	12-12	35	12-6	46	16-9
2	12-33	13	12-29	25	19-13	36	20-13	47	12-24
3	21-4	14	19-21	26	15-13	37	17-17	48	19-25
4	14-3	15	11-27	27	18-24	38	16-16	49	19-2
5	16-19	16	17-16	28	20-26	39	19-10	50	15-10
6	18-4	17	14-11	29	17-7	40	16-26	51	12-27
7	21-21	18	11-15	30	16-14	41	17-3	52	15-4
8	20-1	19	18-22	31	13-20	42	18-14	53	11-7
9	20-5	20	17-12	32	20-17	43	12-3	54	17-23
10	13-15	21	17-13	33	19-16	44	12-10	55	11-20
11	13-5	22	21-8	34	11-9	45	11-4	56	13-6
		23	15-25						

Week 37

Golden Text

The first number in the code is the row and the second is the column.

	1	2	3	4	5
1	A	F	K	P	U
2	B	G	L	Q	V
3	C	H	M	R	W
4	D	I	N	S	X
5	E	J	O	T	Y

2-2 5-3 4-1   3-4 5-1 3-1 5-3 4-3 3-1 4-2 2-3 5-1 4-1

1-5 4-4   5-4 5-3   3-2 4-2 3-3 4-4 5-1 2-3 1-2

2-1 5-5   5-2 5-1 4-4 1-5 4-4   3-1 3-2 3-4 4-2 4-4 5-4,

1-1 4-3 4-1   3-2 1-1 5-4 3-2   2-2 4-2 2-5 5-1 4-3   5-4 5-3

1-5 4-4   5-4 3-2 5-1   3-3 4-2 4-3 4-2 4-4 5-4 3-4 5-5   5-3 1-2

3-4 5-1 3-1 5-3 4-3 3-1 4-2 2-3 4-2 1-1 5-4 4-2 5-3 4-3.

Golden Text

Week 38

CODE

A	1:00
B	1:30
C	2:00
D	2:30
E	3:00
F	3:30
G	4:00
H	4:30
I	5:00
J	5:30
K	6:00
L	6:30
M	7:00
N	7:30
O	8:00
P	8:30
R	9:00
S	9:30
T	10:00
U	10:30
V	11:00
W	11:30
Y	12:00

4:30 ___
3:00 ___

11:30 ___
4:30 ___
5:00 ___
2:00 ___
4:30 ___

9:30 ___
8:00 ___
11:30 ___
3:00 ___
10:00 ___
4:30 ___

9:30 ___
8:30 ___
1:00 ___
9:00 ___
5:00 ___
7:30 ___
4:00 ___
6:30 ___
12:00 ___

9:30 ___
4:30 ___
1:00 ___
6:30 ___
6:30 ___

9:00 ___
3:00 ___
1:00 ___
8:30 ___

1:00 ___
6:30 ___
9:30 ___
8:00 ___

9:30 ___
8:30 ___
1:00 ___
9:00 ___
5:00 ___
7:30 ___
4:00 ___
6:30 ___
12:00 ___

It's time to invest! Decode for a hot tip!

1:00 ___
7:30 ___
2:30 ___

4:30 ___
3:00 ___

11:30 ___
4:30 ___
5:00 ___
2:00 ___
4:30 ___

9:30 ___
8:00 ___
11:30 ___
3:00 ___
10:00 ___
4:30 ___

1:30 ___
8:00 ___
10:30 ___
7:30 ___
10:00 ___
5:00 ___
3:30 ___
10:30 ___
6:30 ___
6:30 ___
12:00 ___

9:30 ___
4:30 ___
1:00 ___
6:30 ___
6:30 ___

9:00 ___
3:00 ___
1:00 ___
8:30 ___

1:00 ___
6:30 ___
9:30 ___
8:00 ___

1:30 ___
8:00 ___
10:30 ___
7:30 ___
10:00 ___
5:00 ___
3:30 ___
10:30 ___
6:30 ___
6:30 ___
12:00 ___

Sharing Blessings With Others

Week 38

Word Find. In 2 Corinthians 9:1-15 there is an abundance of bountiful words. If you find the longest words first, then it will be easier to find the shorter words that fill in the spaces.

```
                  A F T E R L E S T T F I G E S   P  
                  B O U N T Y S A I N T S M L E G R A
          P R O V O K E D D N I M   E H L I B E R A L
A B R O A D S H O U L D D I S P E R S E D N A D A Y W
B O U N T I F U L N E S S     A C C O R D I N G C E A
  A B U N D A N T D   F O R W A R D N E S S   L E R Y
  S   R E M A I N E T H N E T T I R W F A T   O W A S
  T O U C H I N G X H   T H O U G H T O I R D R E G G
  I T Y E G   E T P A M S K N A H T   R D A I I D O R
  N N N S N D N H E N U   B R E T H R E N T S F E L U
  G E A S I E R I R K L P R O F E S S E D I T Y R U D
  H D M A D M I N I S T R A T I O N     O O R E A F G
  T I A R E A C G M G I E L F R U I T S G N I T P R I
  E F C Y E H H S E I P W S U N S P E A K A B L E E N
  I N E O C S E   N V L O O     N O T I C E U O R E G
  L O D U X A D   T I Y S U B J E C T I O N T V P H L
  P C O V E T O U S N E S S     S U F F I C I E N C Y
  P I N C R E A S E G P U R P O S E T H   O O T U B  
  U A I A H C A     S U P E R F L U O U S M N H A N D
  S P A R I N G L Y O U R   C H R I S T S E R V I C E
```

Words to be found

ADMINISTRATION
THANKSGIVINGS
BOUNTIFULNESS
RIGHTEOUSNESS
COVETOUSNESS
FORWARDNESS
MINISTRATION
UNSPEAKABLE
DISTRIBUTION
SUPERFLUOUS
GRUDGINGLY
UNPREPARED
SUFFICIENCY
MACEDONIA
EXPERIMENT
ACCORDING
SUBJECTION
REMAINETH
PURPOSETH

CONFIDENT
NECESSARY
ABUNDANT
PROVOKED
PROFESSED
THEREFORE
SPARINGLY
EXCEEDING
DISPERSED
TOUCHING
THOUGHT
WRITTEN
SERVICE
ENRICHED
SUPPLIETH
BOASTING
BRETHREN
CHEERFUL
ASHAMED
INCREASE

MULTIPLY
ABOUND
ABROAD
THANKS
LIBERAL
GLORIFY
ACHAIA
ALWAYS
BOUNTY
LOVETH
SHOULD
THINGS
CHRIST
NOTICE
PRAYER
SAINTS
SOWER
FRUITS
GRACE
AFTER

COME
HAND
MANY
MIND
SAID
YOUR
SAME
ALSO
SENT
SEED
ABLE
LEST
GIFT
WAS
GOD
YOU
AGO
BUT
YET
WE

Expressing Love to All

Place the missing words from 1 Corinthians 13 into the grid to reveal the subject of the chapter. If the numeral appears first, the word is to be placed vertically. If the letter appears first, place the word horizontally. Then color in the empty spaces.

1 Though I ___46d___ with the ___i32___ of ___d32___ and of ___49c___, and have not charity, I ___47b___ become as ___11a___ ___24a___, or a ___30b___ ___45c___.

2 And though ___32f___ have the ___20a___ of ___18b___, and ___i39___ all ___38a___, and all ___i23___; and though I have all ___50a___, ___29b___ that I could ___42c___ ___a38___, and have not charity, I am ___12b___.

3 ___h26___ though I ___40c___ all ___i49___ goods to ___22a___ the poor, and though I give my body to be burned, and have not charity, it profiteth me nothing.

4 Charity suffereth long, and ___g35___ kind; charity envieth ___d26___; charity vaunteth not itself, is not puffed up,

5 doth not behave itself ___i11___, seeketh not her ___20f___, is not easily ___a30___, thinketh ___27c___ ___36a___;

6 rejoiceth not in ___44a___, but rejoiceth in the ___48d___;

7 beareth ___f34___ things, believeth all things, hopeth all things, endureth all things.

8 Charity never faileth: ___f26___ whether there be prophecies, they shall fail; whether there be tongues, they shall cease; whether there be knowledge, it shall ___43c___ away.

9 For ___g32___ know in part, and we prophesy in part.

10 But ___22f___ that which is perfect is come, then that which is in part shall ___b25___ done ___50f___.

11 When I ___a47___ a ___16c___, I spake ___b28___ a child, I understood as a child, I thought as a child: but when I became a ___b46___, I ___h32___ away childish things.

12 For ___c32___ we ___g26___ through a ___15c___, ___39c___, but then ___21f___ to face: now I know in part; but ___24f___ shall I know ___i19___ as ___36e___ I ___c24___ known.

13 And now ___a23___ faith, ___21a___, charity, these ___14c___; but ___17d___ ___a12___ of these is charity.

	11		13		15			18			21			24			27			30			33			36			39			42			45			48		50
a																																								
b																																								
c																																								
d																																								
e																																								
f																																								
g																																								
h																																								
i																																								

Golden Text

Week 39

To reveal the message from 1 Corinthians 13:13, trace through the connected letters that are the same as those adjacent to themselves to spell out large letters. Around the large letters are occasional small letters that spell out words. The first large letter and the first word are done for you.

```
123456789123456789123456789123456789123456789123456789123456789
6BB78U9U1TTT234TTTIH5H6EEE7891GG23RRR45EEE67A89TTT1EEE2SSS3TTT4
4B5B6U7U8OTW912ATB3HDH5ET6789G1234R5AR6E789ATA12T34E567S8912T34
2BB34U5U67T89123T45HHH4EE6789GFG12RRR34EEI5AAA67T89EEH12S345T67
5B6B7UNU89T12345T67HEH8EH9123G45G6R7R89E123A4A56T78E91234S56T78
6BB789U123T45678T91H2H3EEE4567GG89R12R3EEE4A5A67T89EEE1SSS23T45
987654321987654321987654321987654321987654321987654321987654321
1234567891234567891234567891234567891234567891234567891234567891234
23045FFF678TTT9H1H2EEE3SSS4EEE567ITSSS8914C56H7H89A12RR34I5TTT6Y7Y8
30405F09123CTH4H5H6E789SR12ET3456IHS78912C6C7H8H9A1A2R3R4I56T789Y12
40H05FFE7891T23HHH4EEA56S78EE9123IE4S5678C34THHH5AAAHRR67IR8T91EYE3
50901FP45678T91H2H3E4567IS1EY2345IS67S891C3C4H5H6A7A8R9R1I23T456Y78
64056F789123T45H6H7EEE8SSS9EEE123IESSS4567C12H3H4A5A6R7R8I91T234Y56
9876543219876543219876543219876543219876543219876543219876543219876
```

Small letter words:

Large letter words:

Week 40

Golden Text

Decode the golden text using the code above.
You will find some good advice for any leader.

S E R V A N T H O O D IS KEY
1 2 3 4 5 6 7 8 9 9 0

IF 789U WIL7 B2 5 1234567 U679 78I1 P29PL2

78I1 05Y, 560 WIL7 12342 782M, 560 561W23

782M, 560 1P25K G990 W9301 79 782M, 782N

782Y WILL B2 78Y 12345671 F932423. S KI6G1 SE:T

Week 40 When Power Is Misused

Yoke Puzzle: A number of words from 1 Kings 12:6-11, 16, 17 have been moved to the "yoke." See if you can move them back into the passage, using the letter "o" which is in place and the spaces provided as clues. The words in the "yoke" may be used more than once in the passage.

And king _ _ _ o _ o _ _ _ o _ _ _ _ _ _ _ with the old men, that _ _ o o _ _ _ _ o _ _ _ o _ o _ o _ his father while he _ _ _ lived, and said, How do _ _ advise that I may answer this _ _ o _ _ _? (7) And they _ _ _ _ _ unto him, saying, If thou wilt be a servant unto this _ _ o _ _ _ this day, and wilt _ _ _ _ _ them, and answer them, and _ _ _ _ _ _ o o _ words to them, then they will be thy servants for _ _ _ _. (8) But he _ o _ _ o o _ the _ o _ _ _ _ _ _ of the old men, which they had given him, and _ o _ _ _ _ _ _ _ with the young men that _ _ _ _ grown up with him, and which _ _ o o _ _ _ _ o _ _ him: (9) and he said unto them, What _ o _ _ _ _ _ give _ _ that we may answer this _ _ o _ _ _, who have _ _ o _ _ _ to me, saying, _ _ _ _ the _ o _ _ which thy father did put upon us lighter? (10) And the young men that _ _ _ _ grown up with him _ _ _ _ _ unto him, saying, Thus shalt thou _ _ _ _ _ unto this people that _ _ _ _ _ unto thee, saying, Thy father made our _ o _ _ _ _ _ _ _, but _ _ _ _ thou it lighter unto us; thus shalt thou say unto them, My little finger shall be _ _ _ _ _ _ _ than my father's loins. (11) And now _ _ _ _ _ _ _ my father did lade _ o _ with a _ _ _ _ _ _ _ o _ _, I will add to _ o _ _ _ o _ _: my father hath chastised _ o _ with whips, but I will chastise _ o _ with _ _ o _ _ _ o _ _.

(16) So when all Israel saw that the king _ _ _ _ _ _ _ _ _ not unto them, the _ _ o _ _ _ _ _ _ _ _ _ _ _ _ the king, saying, What _ o _ _ _ o _ have we in David? _ _ _ _ _ _ _ have we _ _ _ _ _ _ _ _ _ _ _ in the son of _ _ _ _ _: to _ o _ _ tents, O Israel: now _ _ _ to thine own _ o _ _ _, David. So Israel _ _ _ _ _ _ _ _ unto their tents. (17) But as for the children of Israel which dwelt in the cities of Judah, _ _ _ o _ o _ _ _ _ _ _ _ _ _ o _ _ _ them.

DEPARTED REIGNED
YET#ANSWERED REHOBOAM#YOU
YOKE#HEARKENED SCORPIONS#YOUR
YE#SOLOMON#INHERITANCE#SPOKEN#SEE

PEOPLE	CONSULTED	BEFORE
HOUSE	WHEREAS	HEAVY
SPAKE	FORSOOK	STOOD
SERVE	COUNSEL	SPEAK
MAKE	PORTION	GOOD
WERE	NEITHER	OVER
JESSE	THICKER	EVER

The Danger of False Religion

Week 41

Get the Picture Puzzle: Place the missing words from 1 Kings 18:30-39 into the grid to get the picture. If the code letter comes before the number, the word is placed vertically. If the number comes before the letter, the word is placed horizontally. (The upper and lowercase letters are just to make them easier to read.) When all the words are in place, the resulting white space should suggest an appropriate picture to you.

And _____ (38C) said unto all the people, Come near unto me. And all the people came near unto him. And he _____ (38i) the altar of the Lord that _____ (35C) _____ (o32) down. And Elijah _____ (35L) _____ (R38) stones, _____ (32C) to the _____ (32L) of the _____ (Q31) of the _____ (Q37) of _____ (35F), unto whom the _____ (R29) of the Lord came, saying, _____ (C29) shall _____ (C40) thy name: and with the stones he _____ (o39) an altar in the _____ (G37) of the Lord: and he made a trench about the altar, _____ (o11) _____ (41J) as _____ (42B) _____ (42G) _____ (43o) _____ (43A) of _____ (43K). And he _____ (29H) the wood _____ (29K) _____ (29M), and _____ (28B) the _____ (28K) in _____ (28E), and _____ (D11) him on the wood, and said, Fill _____ (26B) _____ (26F) with _____ (C35), and pour it on the burnt _____ (27H), and _____ (27A) the _____ (29D). And he said, _____ (A26) it the _____ (A33) time. And they did _____ (A28) the second _____ (A39). And he said, Do it _____ (A30) third time. _____ (H23) they _____ (R18) it the _____ (R33) time. And the water _____ (B29) _____ (B32) _____ (B37) the altar; and he _____ (P33) the _____ (41D) _____ (P39) with water.

And it _____ (A18) _____ (N41) pass _____ (R27) the time of the _____ (C11) of the _____ (E11) sacrifice, that Elijah the _____ (A11) came _____ (A22), and said, Lord God of _____ (G30), _____ (G11), and _____ (43i) Israel, _____ (P11) it be known this _____ (C23) that thou _____ (31o) God in Israel, and that _____ (27Q) _____ (K30) thy _____ (R11), and that I have done all these _____ (R21) at _____ (B23) word. Hear me, O Lord, hear _____ (11H), that this people _____ (H11) _____ (B11) that thou art the _____ (B15) God, and that thou hast _____ (M11) their _____ (M21) _____ (N11) _____ (Q11). Then the _____ (K11) of the Lord _____ (L22), and _____ (F11) the _____ (27C) sacrifice, and the wood, and the _____ (G20), and the _____ (P22), and _____ (Q20) up the _____ (26M) that _____ (30o) in the trench. And when all the _____ (K35) _____ (Q40) it, they fell on their _____ (L11): and they said, The Lord, _____ (B19) is the God; the Lord, he _____ (B21) the _____ (K32).

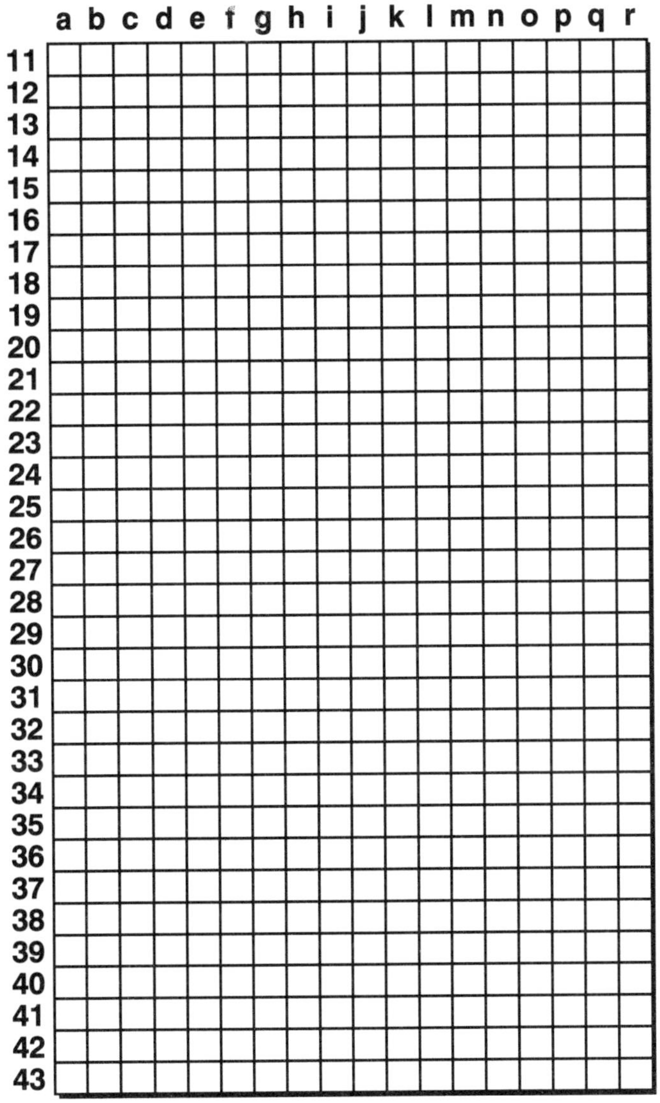

Week 41

Golden Text

Two Sides From Which to Choose: Reading left to right in each letter block, take a letter from each side in sequence (the first letter from the left and the first letter from the right, then the second letter from the left and the second letter from the right, etc.) and place them on the spaces below to find out what you must do.

A D L J H A E N O L T E E P E N S I	N E I A C M U T A L H P O L A D A
H W O G A T E E W E T O P N O S	D O L N H L Y B T E N W O I I N I T
F H L R B G D O L W I B T F A L H	E O D E O F L O H M U I B A T E F
N O L W I A D H P O L A S E E H M	L O H M N T E E P E N W R D I N T
O A O D I S K N S I H E N W N Y N	W R F R T I G E G T E T E T O E

_ _ _   _ _ _ _ _ _   _ _ _ _   _ _ _ _   _ _ _   _ _ _

_ _ _ _ _ _,   _ _ _   _ _ _ _,   _ _ _   _ _ _ _   _ _ _ _   _ _

_ _ _ _ _ _ _   _ _ _   _ _ _ _ _ _ _ _?   _ _   _ _ _

_ _ _ _   _ _   _ _ _,   _ _ _ _ _ _   _ _ _: _ _ _   _ _

_ _ _ _,   _ _ _ _   _ _ _ _ _ _   _ _ _.   _ _ _   _ _ _

_ _ _ _ _ _   _ _ _ _ _ _ _ _   _ _ _   _ _ _   _   _ _ _ _.

_ _ _ _ _ _   _ _ _ _ _ _   _ _ _ _ _ _ _ _ _ _ _: _ _ _ _ _ _ _ _-_ _ _.

Golden Text

Week 42

Some People Will Do Anything for Money

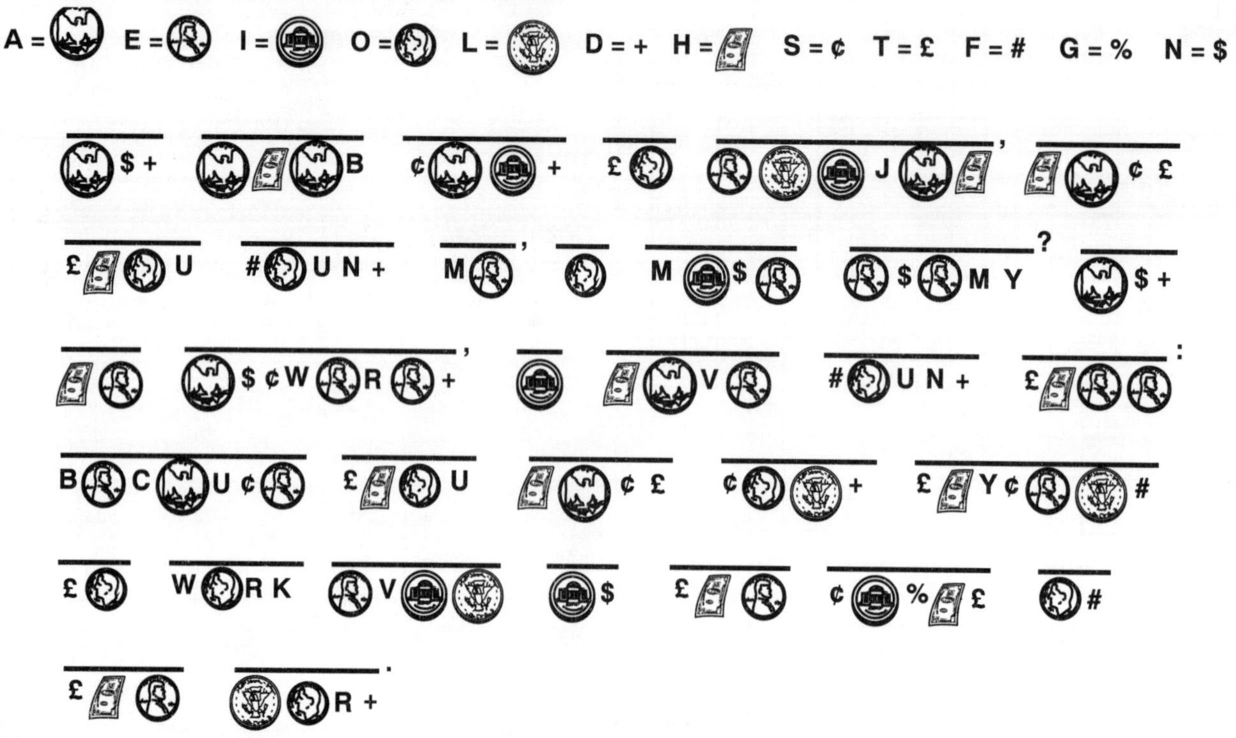

When Justice Is Corrupted

Week 42

Fit the Grid: Place the words listed from 1 Kings 21:1-4, 15-20 into the crossword grid. The numbers on the grid tell you which verses the words are found in.

INHERITANCE
DISPLEASED
JEZREELITE
POSSESSION
ANSWERED
TISHBITE
VINEYARD
FATHERS
JEZEBEL
REFUSED
SAMARIA

ELIJAH
FORBID
GARDEN
NABOTH
PALACE
STONED
TURNED
ENEMY
HEARD
TAKEN
WORTH

DEAD
DOGS
DOWN
GOOD
GONE
LAID
PASS
WORD
BED
NOT
WAS

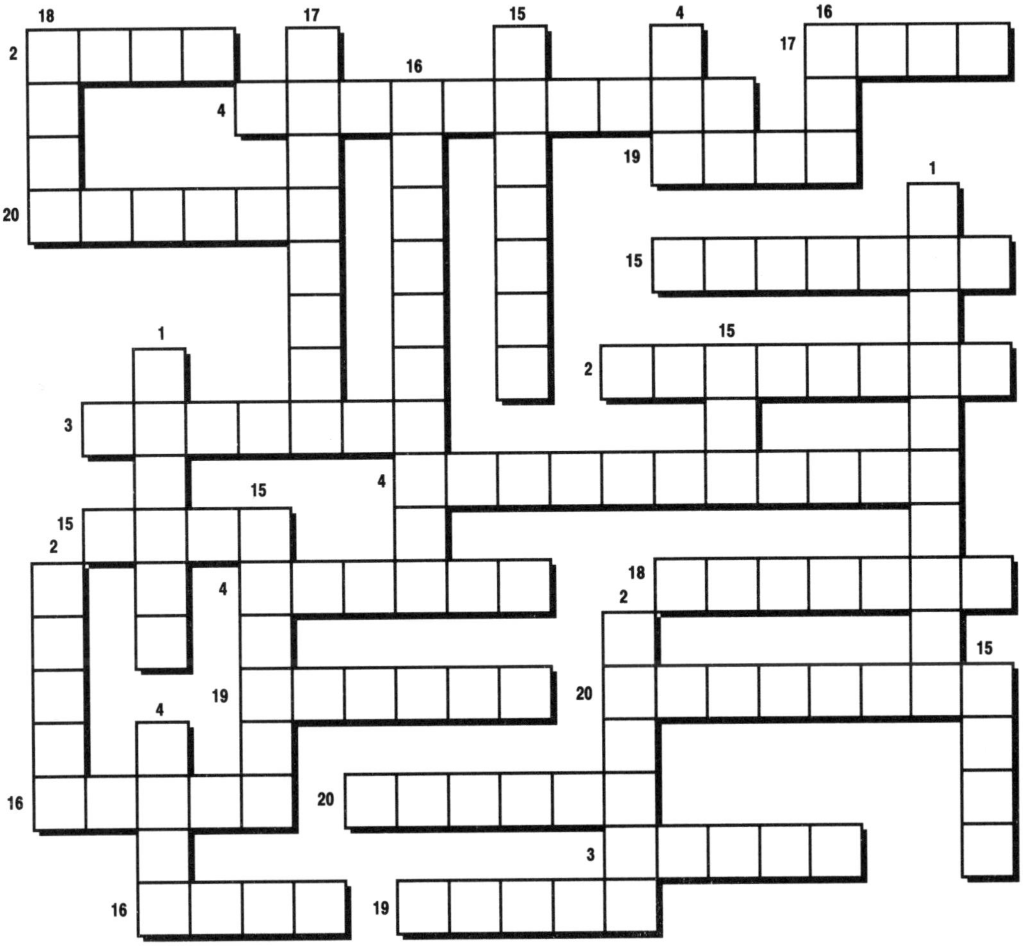

A Day of Good News

The Lepers Found Puzzle

The lepers in 2 Kings 7:1-9 found

this was true	W _ _ _	(vs. 1)
they would do this	_ I _	(vs. 4)
they could enter these	_ _ N _ _	(vs. 7)
they could carry away	_ _ _ D	(vs. 8)
a shekel could buy	_ _ O _ _	(vs. 1)
at this time of day	_ W _ _ _ _ _ _	(vs. 5)
these animals	_ _ _ S _ _	(vs. 7)
this to wear	_ _ I _ _ _ _	(vs. 8)
this many of the enemy	N _ _ _ _	(vs. 5)
things to be sold for this	_ H _ _ _ _	(vs. 1)
a shekel could buy	_ _ _ _ E _	(vs. 1)
this was deserted	_ A _ _	(vs. 5)
they could carry away	_ _ _ V _ _	(vs. 8)
these animals	_ _ _ E _	(vs. 7)
they could enjoy this	_ _ _ N _	(vs. 8)

Golden Text

Week 43

Get On the Phone!: Decode and relay the good news using the telephone dial code.

9●○○ 3○●○ 1 3●○○ 6○○● # 6○●○ 6○○● 8●○○ * 9●○○ 3○●○ 5○○● 5○○● 1 8●○○ 4○●○ 4○○● 7○○●

3●○○ 2●○○ 9○○● * 4○○● 7○○● 1 2●○○ # 3●○○ 2●○○ 9○○● # 6○○● 3○○● *

4●○○ 6○○● 6○○● 3●○○ 1 8●○○ 4○○● 3●○○ 4○○● 6○●○ 4●○○ 7○○● # 2○●○ 6○○● 3○○● * 9●○○ 3○●○

4○●○ 6○○● 5○○● 3●○○ # 6●○○ 8○●○ 7○●○ * 7●○○ 3○●○ 2●○○ 2○○● 3○●○ 1 4○○● 3○○● #

9●○○ 3○●○ * 8●○○ 2●○○ 7○●○ 7○●○ 9●●○ 1 8●○○ 4○○● 5○○● 5○○● # 8●○○ 4○●○ 3○●○ # 6●○○ 6○○● 7○●○ 6○●○ 4○○● 6○●○ 4●○○ *

5○○● 4○○● 4●○○ 4○●○ 8●○○ 1 7○○● 6○○● 6●○○ 3●○○ 1 6●○○ 4○○● 7●●○ 2○○● 4○●○ 4○○● 3○●○ 3○○● # 9●○○ 4○○● 5○○● 5○○● #

2○○● 6○○● 6●○○ 3○●○ * 8○●○ 7●○○ 6○○● 6○●○ 1 8○●○ 7○○● # 6○●○ 6○○● 9●○○ * 8●○○ 4○●○ 3○●○ 7○●○ 3○●○ 3○○● 6○○● 7○●○ 3○●○

2○○● 6○○● 6●○○ 3○●○ # 8●○○ 4○●○ 2●○○ 8●○○ * 9●○○ 3○●○ 1 6●○○ 2●○○ 9○○● 1 4●○○ 6○○● # 2●○○ 6○●○ 3●○○ *

8●○○ 3○●○ 5○○● 5○○● 1 8●○○ 4○●○ 3○●○ # 5○●○ 4○○● 6○●○ 4●○○ 7○○● * 4○●○ 6○○● 8○●○ 7○○● 3○●○ 4○●○ 6○○● 5○○● 3●○○

1	ABC 2	DEF 3
GHI 4	JKL 5	MNO 6
PRS 7	TUV 8	WXY 9
*	0	#

Week 44

Golden Text

Diagonal Puzzle: Every word from Amos 3:2 except "I" fits into the diagonal grid.

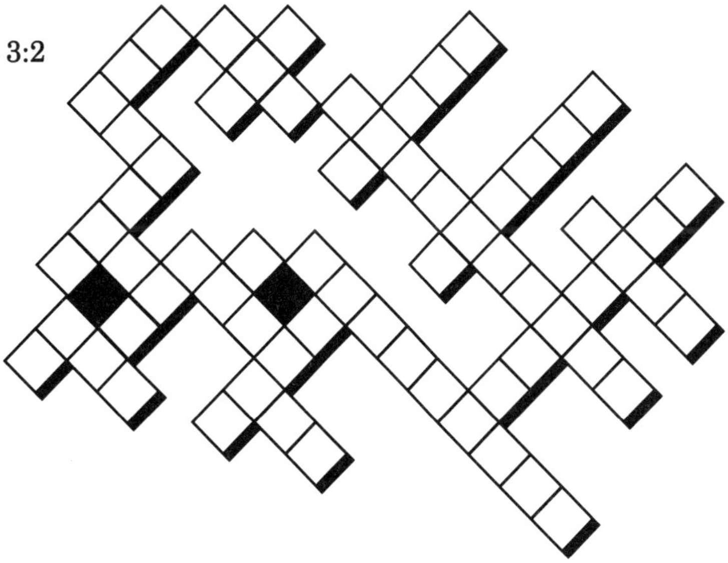

YOU	EARTH
ONLY	THEREFORE
HAVE	WILL
KNOWN	PUNISH
OF	YOU
ALL	FOR
THE	ALL
FAMILIES	YOUR
OF	INIQUITIES
THE	

Condemnation for Wrong Doing

Sins Delineated: Identify the transgressions leading to punishment in Amos 2:4-8; 3:1, 2.

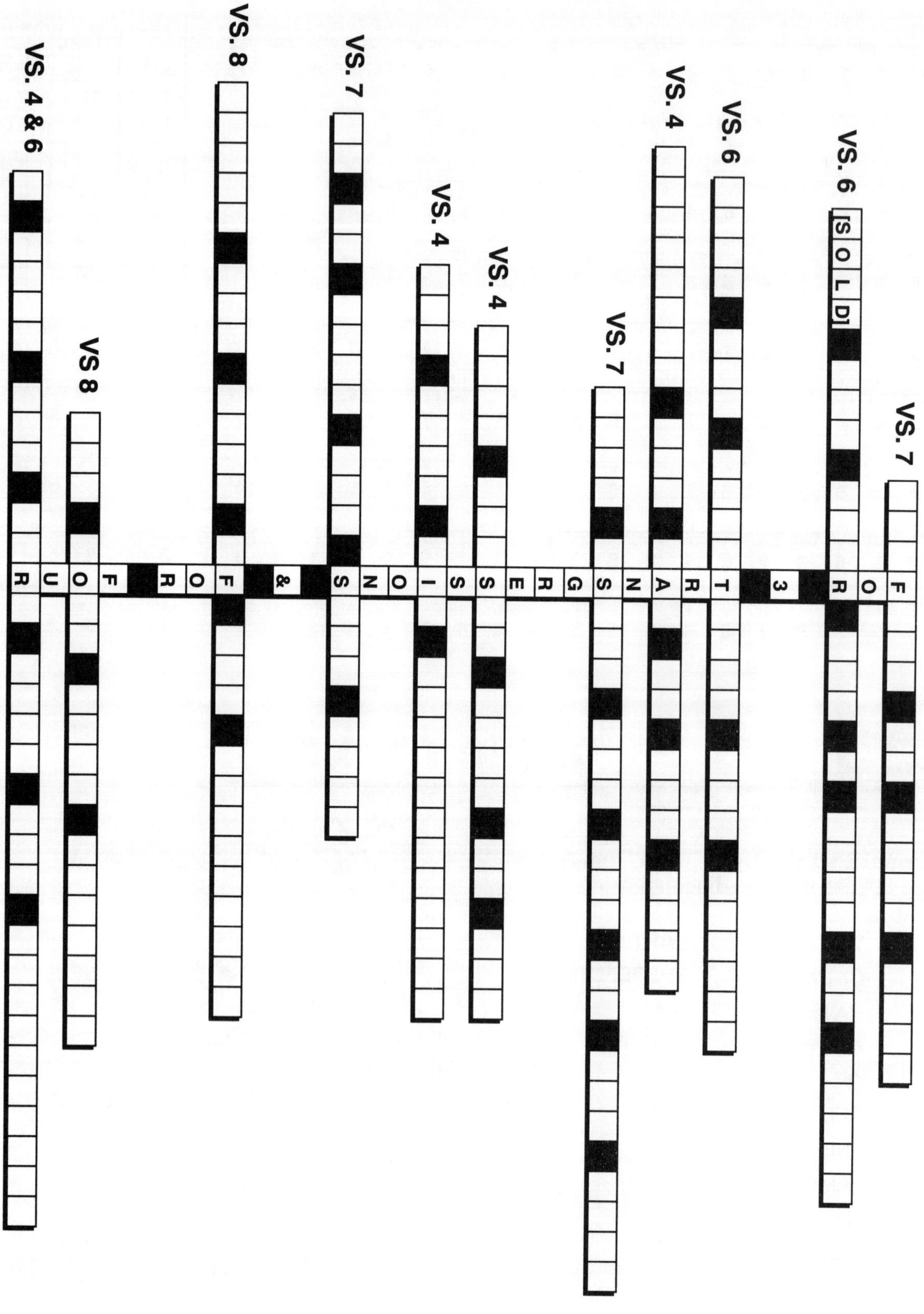

A Call for Justice and Righteousness

Week 45

Word Find Puzzle: Find the words in bold from Amos 4:4, 5; 5:18-24 in the puzzle.

Come to **Bethel**, and transgress; **at Gilgal multiply transgression**; and **bring** your **sacrifices** every **morning**, and your **tithes** after **three** years: and offer a sacrifice of **thanksgiving** with **leaven**, and **proclaim** and **publish** the free **offerings**: for this liketh you, O ye **children** of **Israel**, saith the Lord **God**.

Woe unto you that **desire** the day of the Lord! **to** what **end** is it for **you**? the day of the Lord **is** darkness, and **not** light. **As if** a man did flee from a lion, and a bear **met him**; or went **into** the **house**, and leaned his hand on the wall, and a **serpent bit** him. Shall not the day of the Lord be **darkness**, and not **light**? **even** very dark, and **no brightness** in it?

I hate, I **despise** your feast days, and I will not **smell** in your **solemn assemblies.** Though **ye** offer me **burnt** offerings and your **meat** offerings, I will not **accept** them; **neither** will I **regard** the peace offerings **of** your fat **beasts**. Take thou away from **me** the **noise** of thy **songs**; **for** I will not hear the **melody** of **thy** viols. **But** let **judgment run** down as **waters**, and **righteousness** as a **mighty stream.**

B	E	A	S	T	S	T	H	Y	P	R	O	C	L	A	I	M
T	H	R	E	E	R	H	W	A	T	E	R	S	B	I	T	O
D	I	U	R	L	E	A	V	E	N	G	J	M	R	L	X	R
E	M	N	P	M	E	N	N	X	O	A	U	E	I	I	I	N
S	I	F	E	U	X	K	A	S	T	R	D	L	G	G	M	I
P	S	O	N	L	O	S	A	O	G	D	G	L	H	H	E	N
I	R	R	T	T	F	G	C	L	X	R	M	T	T	T	L	G
S	A	C	R	I	F	I	C	E	S	Y	E	I	N	T	O	X
E	E	H	X	P	E	V	E	M	B	O	N	S	E	N	D	D
M	L	I	S	L	R	I	P	N	U	U	T	M	S	O	Y	A
E	H	L	S	Y	I	N	T	S	T	P	O	E	S	I	N	R
T	O	D	O	E	N	G	N	X	X	U	F	A	X	S	O	K
B	U	R	N	T	G	E	V	E	N	B	E	T	H	E	L	N
R	S	E	G	A	S	S	E	M	B	L	I	E	S	W	O	E
I	E	N	S	S	T	R	E	A	M	I	T	I	T	H	E	S
N	E	I	T	H	E	R	X	D	E	S	I	R	E	X	N	S
G	I	L	G	A	L	X	M	I	G	H	T	Y	G	O	D	X

Week 45

Golden Text

Find the Message: To find the golden text of this week's passage, black out the letters B, C, F, K, P, Q, V, X, and Z. Read across and down to arrange the remaining letters on the lines below.

```
   Z L B
A X V E C
N Q P F T K J U D
D K C X P Q V P G M
  R I G H T X Q V X E N T K R Q B P
      Z B E O U B C Z B C P Q U N C D O Z
         Z S N E S S F V X K P F Q W B
                  A S Z A V K V N C A Z
                     B C M X F K Q S F V
                       F I G H P V B K W B
                         X Z T Y X S P X A T
                             C T Q Z C F E
                               R E A M K P R S
```

___ ___________ ____ _____ __

______, ___ ________________

__ _ ________ ________.

Golden Text

Week 46

The Substance of Godly Commitment: Place the words of promise from the wedding ring onto the lines below, starting with the *. Work around the inside of the ring clockwise. When you reach your starting place, jump up to the middle line, then to the outside line

```
          U D G M E
        A J F O R E N
        E ~ ★ I ~ W V T
    S D E           I E ~
    O N M           L R L
  H A ~               L ~ O
~ ~ O                 ~ Y V
S S T                 B E I
E S N                 E A N
I E U                 T ~ G
  C N ~             R I ~
    R S E ~       O N K
      E U E     T R I
        M O H T ~ H I N
          ~ E T H G D
            S S E N
```

AND _ ____ ________

____ _____ __

___ _____; ___, I WILL

BETROTH THEE UNTO ME __

________________,

___ IN _________,

_______-__________,

AND IN ________.

_____ 2:19

A Prophet Who Lived His Message

Week 46

From Bad to Good: To discover the bad, use your King James Version of the Bible to fill in the missing words from Hosea 1:2-9; 3:1-5. Then fill in the numbered letters in the spaces below to read the good.

The land hath committed great 15 2 3 4 5 6 3 18   5 5 22 7 4 8 9 11 16 from the Lord

I will 7 19 5 11 16 5 the blood of Jezreel. [I] will cause to cease the 10 9 11 16 6 3 18

I will break the bow of 9 12 4 7 5 13 I will no more have 18 5 4 14 17

I will 20 8 8 5 4 13 17 take them away. [I] will not save them by 21 3 15,

nor by 12 15 3 4 6, nor by 21 7 8 8 13 5, by 2 3 4 12 5 12, nor by

2 3 4 12 5 18 5 11 For ye are not my 22 5 3 22 13 5, and I will not be your 16 3 6.

Israel shall abide many days without a 10 9 11 16, and without a 2 4 9 11 14 5, and

without a 12 7 14 4 9 23 9 14 5, and without an 9 18 7 16 5, and without an 5 22 2 3 6,

and without 8 5 4 7 2 2 9 18.

THAT'S BAD!

BUT THIS IS GOOD

7 23 8 5 4 15 7 4 6   12 2 7 13 13   8 2 5   14 2 9 13 6 4 5 11   3 23

9 12 4 7 5 13   4 5 8 20 4 11,   7 11 6   12 5 5 10   8 2 5   13 3 4 6

8 2 5 9 4   16 3 6 . . .   7 11 6   12 2 7 13 13   23 5 7 4   8 2 5

13 3 4 6   7 11 6   2 9 12   16 3 3 6 11 5 12 12   9 11   8 2 5

13 7 8 8 5 4   6 7 17 12.

God's Love for Israel

Backsliding Alphabet: Fill in a word from Hosea 11:1-9 for each letter.

B _ _ _ _ _
A _ _ _ _
C _ _ _ _ _ _
K _ _ _
S _ _
L _ _ _
I _ _ _ _ _
D _ _ _ _ _ _
I _ _ _ _ _
N _ _
G _ _

A _ _ _ _ _ _ _ _
B _ _ _ _ _ _ _ _
C _ _ _ _ _ _ _ _
D _ _ _ _ _ _
E _ _ _ _ _ _
F _ _ _ _ _ _ _ _ _ _
G _ _ _ _ _
H _ _ _ _ _
I _ _ _ _ _ _
J _ _ _
K _ _ _ _ _ _
L _ _ _
M _ _ _
N _ _ _
P _ _ _ _ _
R _ _ _ _ _ _ _ _ _ _
S _ _ _ _ _ _ _ _ _ _
T _ _ _ _ _ _ _ _
_ U _ _ _ _
_ _ V _ _ _
_ W _ _ _
_ X _ _ _ _ _
Y _ _ _
Z _ _ _ _ _

Golden Text

Week 47

Turn Back Puzzle: Only the Lord can turn back the trouble we bring on ourselves. To see how He does this, read the letters backward and place them on the lines below.

MIHMORFYAWADENRUTSIREGNAENIMROFYLEERF
MEHTEVOLLLIWIGNIDILSKCABRIEHTLAEHLLIWI

Week 48

Golden Text

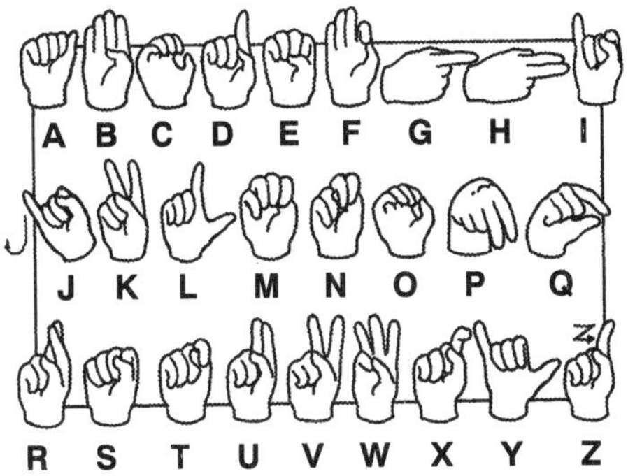

Unheard Message

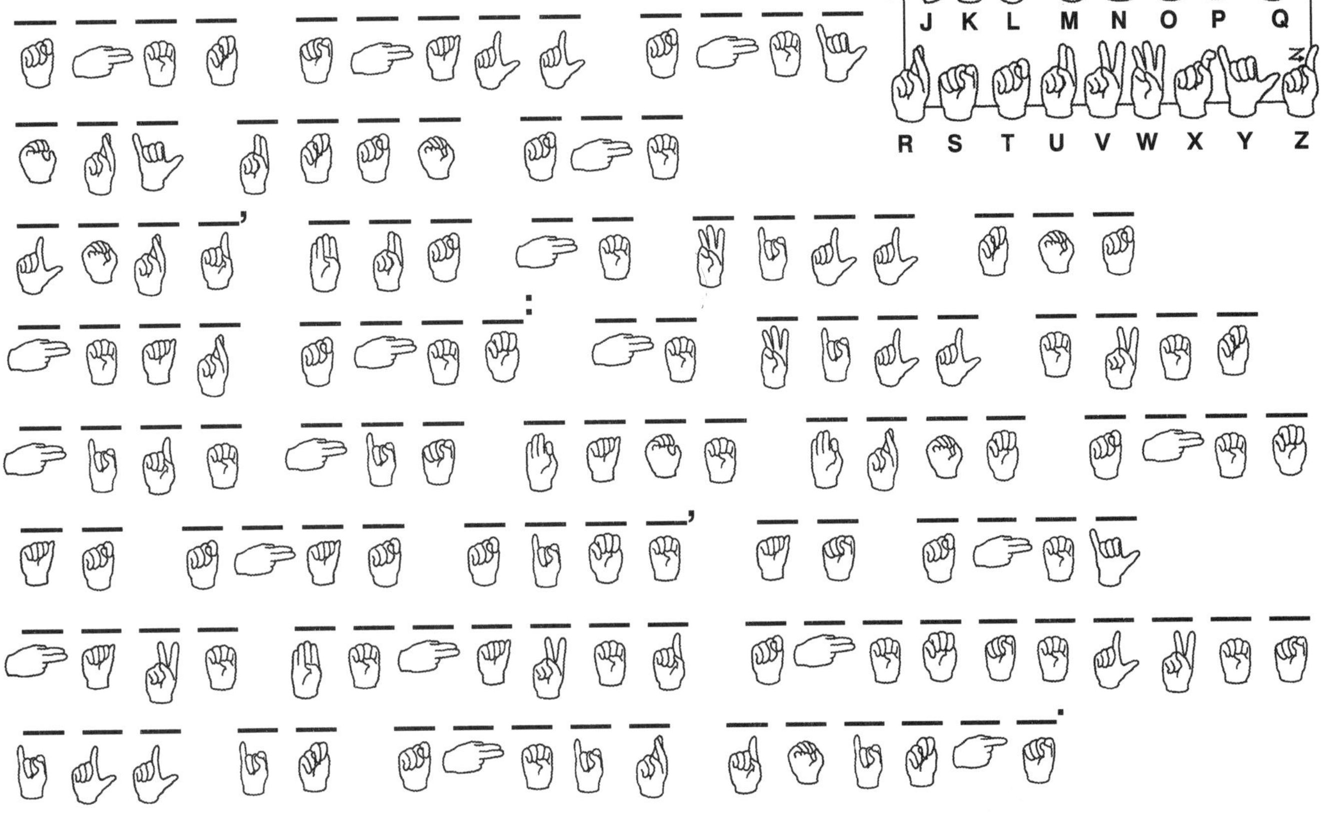

Week 48 Greedy Leaders Denounced

Hidden Phrase Puzzle: Circle the words from Micah 3:5-12 listed below and put the uncircled letters on the lines below to reveal the hidden phrase.

B	U	T	M	T	R	Y	U	L	T	E	A	C	H
Y	I	C	O	N	C	E	R	N	I	N	G	A	O
M	F	U	U	L	A	A	F	L	N	O	O	P	U
F	P	B	T	O	N	D	I	V	I	N	E	R	S
W	E	U	H	R	S	B	E	Y	Q	E	T	E	E
H	E	I	S	S	W	P	L	I	U	R	I	P	T
H	P	L	A	C	E	S	D	O	I	F	T	A	H
E	E	D	M	P	R	I	E	S	T	S	L	R	O
A	B	H	O	R	M	O	N	E	Y	R	D	E	A
D	P	N	N	P	E	O	P	L	E	S	D	O	F
S	L	J	G	U	D	P	E	A	C	E	G	M	E
N	O	T	R	E	W	A	R	D	A	E	N	D	O
F	W	P	M	A	I	G	V	H	T	R	T	O	D
J	E	R	U	S	A	L	E	M	E	S	C	L	A
R	D	O	E	H	U	N	R	O	T	O	J	E	A
C	O	P	B	A	H	I	T	U	S	T	R	Q	A
N	S	H	G	M	P	R	I	N	C	E	S	U	R
E	S	E	V	E	N	S	I	T	O	N	A	I	N
D	T	T	O	D	I	A	G	A	I	N	S	T	S
V	I	S	I	O	N	R	A	I	E	L	H	Y	I
S	S	C	O	N	F	O	U	N	D	E	D	I	N

CONCERNING
CONFOUNDED
JERUSALEM
INIQUITY
DIVINERS
MOUNTAIN
PROPHETS

ASHAMED
AGAINST
PERVERT
PREPARE
PRIESTS
PRINCES

ANSWER
EQUITY
MOUTHS
PEOPLE
PLACES
PLOWED
REWARD
VISION

ABHOR
AMONG
BUILD
FIELD
HEADS
HOUSE
MONEY
PEACE
SEERS
TEACH

EVEN
NONE

YEA

_ _ _   _ _ _ _ _   _   _ _   _ _ _ _   _ _

_ _ _ _ _   _ _   _ _ _   _ _ _ _ _ _   _ _

_ _ _   _ _ _ _,   _ _ _   _ _   _ _ _ _ _ _ _ _,

_ _ _   _ _   _ _ _ _ _,   _ _   _ _ _ _ _ _ _

_ _ _ _   _ _ _ _ _ _   _ _ _

_ _ _ _ _ _ _ _ _ _ _ _ _,   _ _ _   _ _

_ _ _ _ _ _   _ _ _   _ _ _.

Isaiah's Call and Message

Week 49

Holiness Exposes Unholiness From the letter codes given in the two section headings, see if you can finish words and crack the code for these messages from Isaiah 1:14-17; 6:1-8:

D= G= J= K= M= Q= T= V= Y=

W	O	R	S	H	I	P		O	F		H	I	S		H	O	L	I	N	E	S	S
11	2	15	10	1	5	12		2	14		1	5	10		1	2	3	5	9	6	10	10

1 2 3 4 / 1 2 3 4 / 1 2 3 4 / 5 10 / 20 1 6 / 3 2 15 16 / 2 14 / 1 2 10 20 10

1 5 18 1 / 8 9 16 / 3 5 14 20 6 16 / 7 12

1 5 10 / 20 15 8 5 9 / 14 5 3 3 6 16 / 20 1 6 / 20 6 13 12 3 6

C	L	E	A	N	S	I	N	G		O	F		O	U	R		U	N	H	O	L	I	N	E	S	S
19	3	6	8	9	10	5	9	18		2	14		2	7	15		7	9	1	2	3	5	9	6	10	10

11 8 10 1 / 4 6 / 13 8 21 6 / 4 2 7 / 19 3 6 8 9

3 5 22 6 / 19 2 8 3 / 20 2 7 19 1 6 16 / 7 9 19 3 6 8 9 / 3 5 12 10

5 9 5 23 7 5 20 4 / 5 10 / 20 8 21 6 9 / 8 11 8 4, / 10 5 9 / 12 7 15 18 6 16

12 7 20 / 8 11 8 4 / 6 22 5 3 / 2 14 / 16 2 5 9 18 10

19 6 8 10 6 / 20 2 / 16 2 / 6 22 5 3, / 3 6 8 15 9 / 20 2 / 16 2 / 11 6 3 3;

10 6 6 21 / 24 7 16 18 13 6 9 20, / 15 6 3 5 6 22 6 / 20 1 6 / 2 12 12 15 6 10 10 6 16

24 7 16 18 6 / 20 1 6 / 14 8 20 1 6 15 3 6 10 10, / 12 3 6 8 16 / 14 2 15 / 20 1 6 / 11 5 16 2 11.

Week 49

Golden Text

Key:						
	D -..	I ..	N -.	S ...	X -..-	; -.-.-.
	E .	J .---	O ---	T -	Y -.--	: ---...
A .-	F ..-.	K -.-	P .--.	U ..-	Z --..	, --..--
B -...	G --.	L .-..	Q --.-	V ...-	6 -....	? ..--..
C -.-.	H	M --	R .-.	W .--	8 ---..	. .-.-.-

.- .-.. ... ---   ..   ..- .-. -..   - ....- --- .. -.-. .

--- ..-.   - .... .   .-.. --- .-. -..   --..--   ... .- -.-- .. -. --.

--..--   .-- .... --- --   ... .- .-.. .-..   ..   ... . -. -..   --..--

.- -. -..   .-- .... ---   .-- .. .-.. .-..   --. ---   ..-. --- .-.

..- ...   ..--..   - .... . -.   ... .- .. -..   ..   --..--   .... . .-. .

.- --   ..   -.-.-.   ... . -. -..   -- .   .-.-.-

.. ... .- .. .- ....   -.... ---... ---..

Golden Text

Week 50

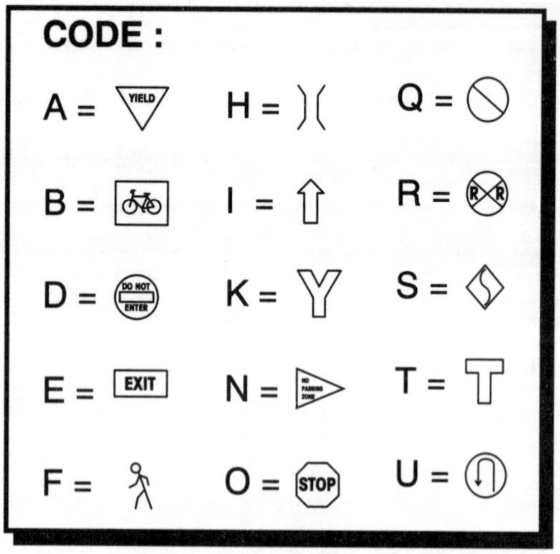

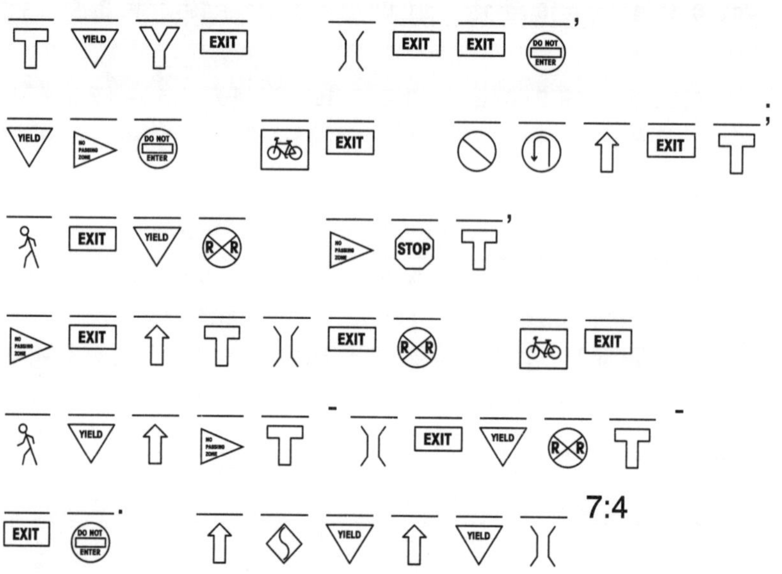

When a Nation is in Danger

Week 50

Fill in the Grid: The words for this grid are all found in Isaiah 7:2-6, 10-17. The first number of the clue indicates the verse and the second number indicates the position of the word in that verse.

Across

1. 13-27
6. 16-6
8. 16-19
9. 12-7
12. 6-5
13. 5-1
14. 14-24
15. 16-22
16. 5-8
19. 15-4
22. 14-22
24. 4-14
25. 3-33
26. 17-33
27. 13-1
29. 16-24
30. 5-3
37. 5-12
38. 16-2
39. 17-16
40. 16-25
42. 17-14
43. 6-32
45. 4-21
46. 11-19
47. 14-12

Down

1. 10-7
2. 10-4
3. 11-20
4. 14-14
5. 17-21
6. 6-22
7. 15-1
10. 3-30
11. 2-12
13. 6-15
17. 2-3
18. 3-15
19. 2-10
20. 4-22
21. 17-26
23. 3-6
28. 14-23
31. 14-4
32. 15-12
33. 3-20
34. 3-23
35. 12-8
36. 15-16
41. 13-15
44. 11-9

Week 51 Judgment Comes on Israel

First and Last Letters in Common: Fit the words listed from Isaiah 5:8-12, 18-23 into the puzzle grid. The letters that are in place are letters shared by two words. The underlined words are in reverse order. If you begin with the longest words and leave the two- and three-letter words until last, you will see where they fit in

Words that line up next to each do not form new words.

CONSIDER
CONTINUE
COUNSEL
DARKNESS
DESOLATE
INFLAME
INHABITANT
JUSTIFY

MORNING
NEITHER
OPERATION
PRUDENT
RIGHTEOUSNESS
STRENGTH
VINEYARD

HASTEN
MIGHTY
TABRET
MINGLE
VANITY
FOLLOW
WICKED
NIGHT

SHALL
FEASTS
PLACED
REGARD
BITTER
SIGHT
SPEED
REWARD

HANDS
SWEET
TRUTH
UNTIL
STRONG
YIELD
DRINK
EPHAH
LIGHT
EARTH
EARLY
HOSTS
ALONE
MIDST
HOUSE
CORDS
GREAT
FIELD
ACRES

ROPE
GOOD
SEED
TAKE
WINE
HOLY
DRAW
EVEN

MANY
EVIL
EARS
JOIN
CALL
MINE
KNOW
WORK
RISE
CART
LORD
EYES
BATH

YEA
BUT
LAY
SAY
SIN
OWN
FOR
SEE
ARE
EVE

NO
AS

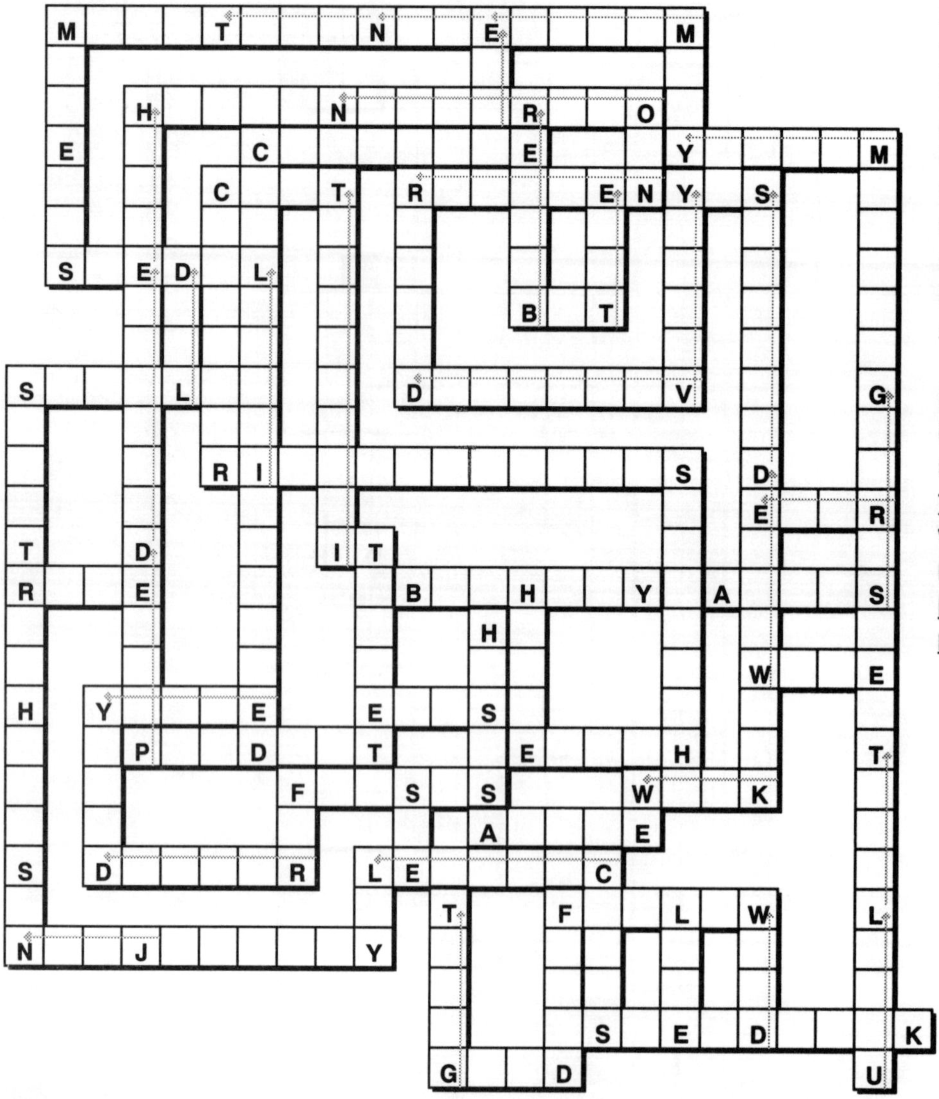

Golden Text

Week 51

Fill in the commandments from Isaiah 1:16, 17. When you are finished, every word from the verse will be in the grid.

Week 52

Golden Text

Use the lowercase letters first to decode this message.

TyURett Nhel YorEdt FeRsOt MifYie dOURa gEaVinIst LiWAsYSra eAl NaD KnEEd PaM gYaCinsOt juM daM hAby NallD theM prENop heTts Sand ANbyall theD sMeerYs saSTy ATinUTEgS

Week 52 — The End of a Nation

Israel's Problem Revealed: Place the missing words from 2 Kings 17:6-14 into the grid. If the number of the clue comes first, place the word vertically; if the letter comes first, place the word horizontally. After all words are in place, color in the empty spaces to see Israel's problem named.

(6) _____ C33 the ninth _____ 45E of Hoshea the king of Assyria _____ 22D Samaria, and carried Israel _____ 47E into Assyria, and placed them in _____ 44D and in _____ J39 by the _____ A29 of _____ A24, and in the cities of the Medes.

(7) For _____ C24 _____ H24 was, that the children of Israel had sinned against the Lord their God, which had brought them _____ D31 out of the _____ i45 of _____ i13, from under the hand of _____ 50A king of Egypt, and had _____ i18 _____ 38E _____ 23D, (8) and _____ 28B in the _____ 49B of the _____ A17, whom the Lord _____ C27 _____ 50H from before the children of Israel, and of the _____ B39 of Israel, which they had made. (9) And the _____ J26 of Israel did _____ 15B those _____ 35D that were not _____ J34 _____ J44 the _____ 17D their God, and they _____ 37D them _____ B35 places in all their cities, from the _____ i40 of the watchmen _____ 41H the _____ 48D _____ J17. (10) And they _____ 40G them up _____ B22 and _____ B44 in every high _____ 27D, and under every _____ J21 _____ 13B: (11) and there they _____ J12 _____ 34B in all the high places, _____ E31 did the heathen whom the Lord carried away before them; and wrought _____ B28 things to _____ i24 the Lord to _____ A12: (12) for they _____ 29C idols, whereof the Lord _____ 38B said unto them, _____ H31 shall _____ H19 _____ 18E this thing. (13) _____ 13F the Lord _____ B13 against Israel, and against _____ A34, by all the prophets, and _____ G31 all the _____ i35, saying, _____ 20D ye from your _____ F41 _____ 25D, and _____ A47 _____ D40 commandments and my statutes, _____ 12A to all the law which I commanded your fathers, and which I sent to _____ C45 by my _____ A39 the prophets. (14) Notwithstanding, they would not hear, but hardened their _____ i31, like to the neck _____ 46C their fathers, that _____ C19 not _____ 43C in the Lord their God.

	12	13	14	15	16	17	18	19	20	21	22	23	24	25	26	27	28	29	30	31	32	33	34	35	36	37	38	39	40	41	42	43	44	45	46	47	48	49	50
a																																							
b																																							
c																																							
d																																							
e																																							
f																																							
g																																							
h																																							
i																																							
j																																							

Answers

Week 1, Spying Out Jericho, page 3
See figure 1.

Week 1, Golden Text, page 4
Joshua 2:24

Week 2, Acting on Faith, page 5
Joshua 3:7-17

Week 2, Golden Text, page 4
See figure 2.

Week 3, Winning the Battle, page 6
See figure 3.

Week 3, Golden Text, page 7
Joshua 6:16

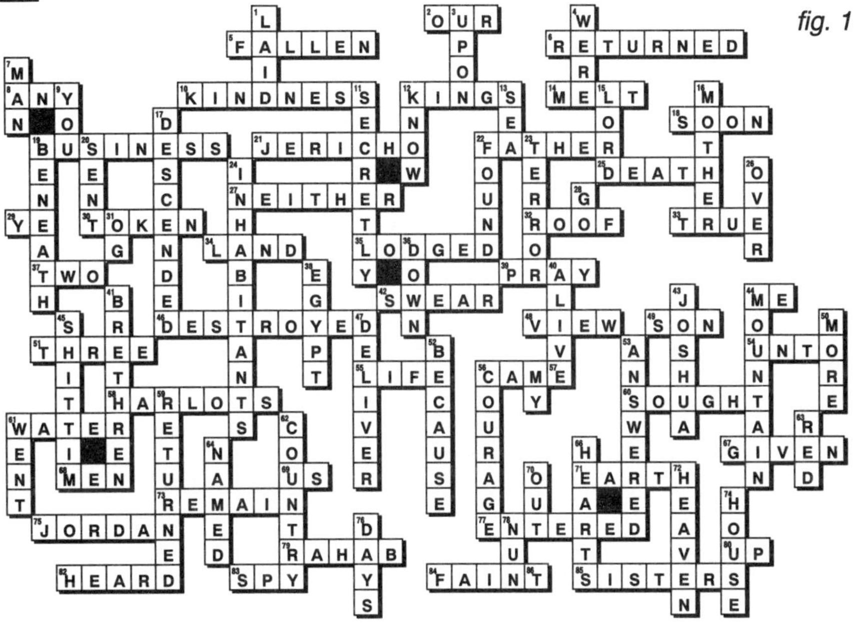

fig. 1

Week 4, Choosing to Serve God, page 8
v. 27, words of the Lord; v. 11, Jebusites; v.11, Perizzites; v.13,oliveyards; v. 11, Jericho; v. 13, cities; v. 11, Hivites; v. 17 preserved; v. 26, law book; v. 11, Amorites; v. 25, ordinance; v. 11, delivered; message, Serve the Lord, Obey His voice.

Week 4, Golden Text, page 7
Joshua 24:15

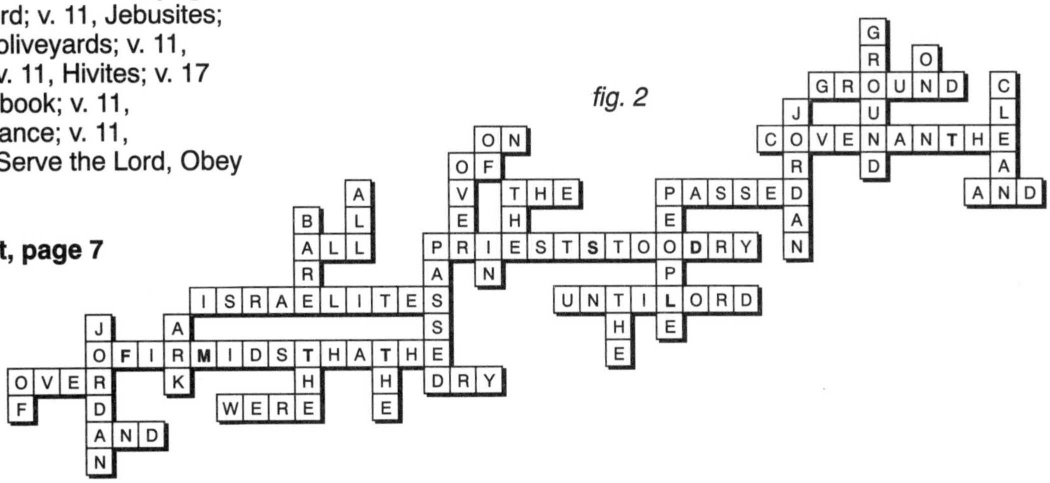

fig. 2

Week 5, Israel's Tragic Pattern of Life, page 9
Judges 2:11-13, 16-19.
Message: Lord brought out of Egypt, Lord raised up judges, Lord delivered out of hands of spoilers and enemies

Week 5, Golden Text, page 10
Judges 2:11, 12

Week 6, Deliverance by God's Hand, page 11
Judges 7:2, Judges 7:4-7

Week 6, Golden Text, page 10
Judges 7:15

fig. 3

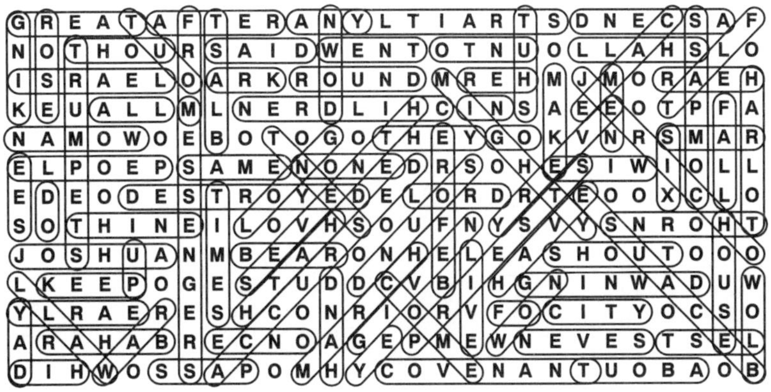

fig. 4

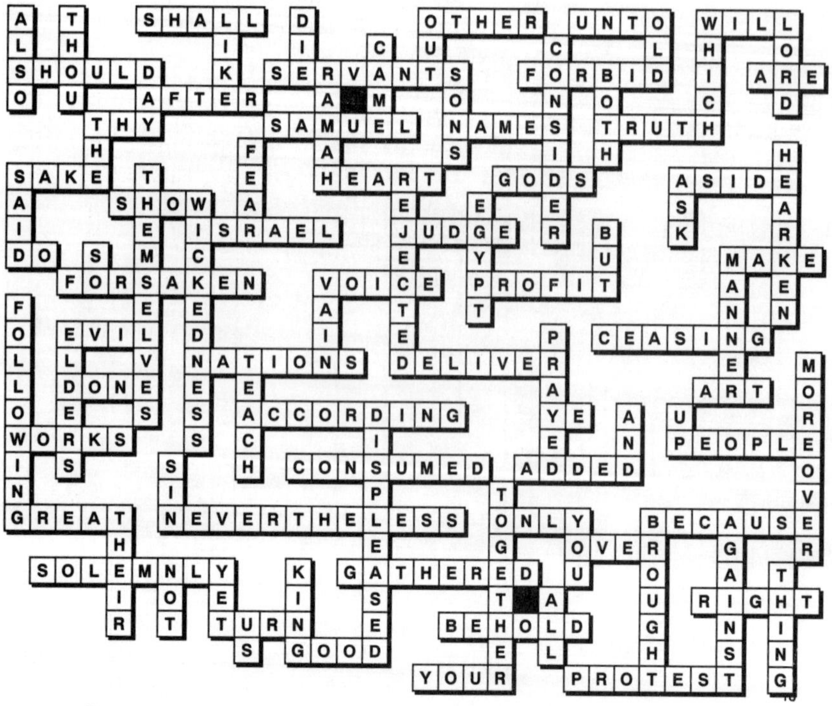

Week 7, Israel Demands a King, page 12
See figure 4.

Week 7, Golden Text, page 13
1 Samuel 8:5

Week 8, Saul's Opportunity as King, page 14
See figure 5.

Week 8, Golden Text, page 13
1 Samuel 10:1

Week 9, King Saul Disobeys God, page 15
See figure 6.

Week 9, Golden Text, page 16
1 Samuel 13:14

Week 10, David Claims God's Promise, page 17

18 WHO AM I, O LOR**D** GOD?
19 THOU H**A**ST SPOKEN
20 WHAT CAN DA**V**ID SAY MORE
21 ACCORDING TO TH**I**NE OWN HEART
22 NEITHER ... ANY GO**D** BESIDES THEE

23 ISRAEL ... GOD **W**ENT TO REDEEM
24 THOU LORD, ART BEC**O**ME THEIR GOD
25 O LO**R**D GOD
26 GOD OVER I**S**RAEL
27 LORD OF **H**OSTS, GOD
28 THOU HAST PROM**I**SED THIS
29 NOW LET IT **P**LEASE THEE
18 AND WHAT I**S** MY HOUSE

19 IN THY SI**G**HT, O LORD
20 THOU LORD ... KN**O**WEST THY SERVANT
21 FOR THY WOR**D**'S SAKE

22 NONE L**I**KE THEE
23 FROM THE NATIO**N**S AND THEIR GODS

24 CONFIRMED ... THY **P**EOPLE ISRAEL
25 WO**R**D ... SPOKEN
26 THY NAME BE M**A**GNIFIED
27 PRAY THIS PRA**Y**ER UNTO THEE
28 THY WORDS B**E** TRUE
29 HOUSE OF THY SE**R**VANT BE BLESSED

fig. 5

	A	B	C	D	E	F	G	H	I	J	K	L	M	N	O	P	Q	R	S	T	U	V	W	X	Y	Z	#
1	C	T	S	H	O	U	T	E	D	F	U	R	T	H	E	R	M	A	N	A	N	S	W	E	R	E	D
2	A	O	A	N	O	I	N	T	F	E	T	C	H	E	D	B	E	H	O	L	D	C	H	O	S	E	N
3	P	M	H					I	B					S	F		I	H		U	P		T	V	I	A	L
4	T	O	E		E	A	R	N	E		B	E		A	A		S	I		P	O		R	S	R	P	B
5	A	R	A		G	O	D	Q	C		I	S		M	M		R	E		W	U		I	T	E	E	E
6	I	R	D					U	A					U	I		A	H		A	R		B	U	I	O	N
7	N	O	L	A	N	D		I	U		O	N		E	L		E	E		R	E		E	F	E	P	J
8	D	W	K	I	S	H		R	S		I	O		L	Y		L	R		D	D		S	F	N	L	A
9	A	M	Y					E	E		L	W		H	E					O	C					E	M
10	Y	S	O	N	Y	E	T	D	S	A	V	E	T	I	M	E	A	L	L	U	R	S	T	O	O	D	I
11	H	I	M	S	E	L	F	T	H	I	T	H	E	R	F	O	U	N	D	T	Y	M	A	T	R	I	N

fig. 6

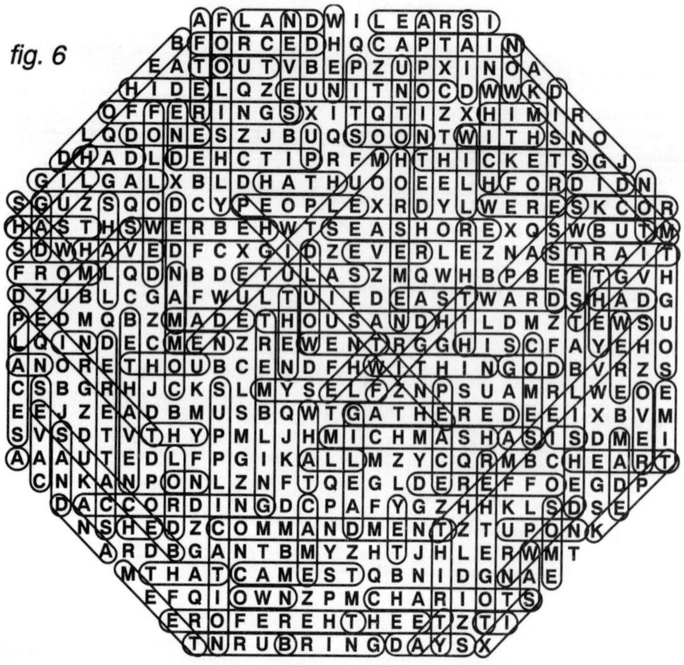

Week 10, Golden Text, page 16
2 Samuel 7:25

Week 11, David Sins Against God, page 18
See figure 7.

Week 11, Golden Text, page 19
2 Samuel 12:13

Week 12, Solomon's Glorious Reign, page 20
See figure 8.

Week 12, Golden Text, page 19
1 Kings 10:23

Week 13, Solomon Turns From God, page 21
See figure 9.

Week 13, Golden Text, page 22
1 Kings 11:6

fig. 7

fig. 8

fig. 9

fig. 10

fig. 11

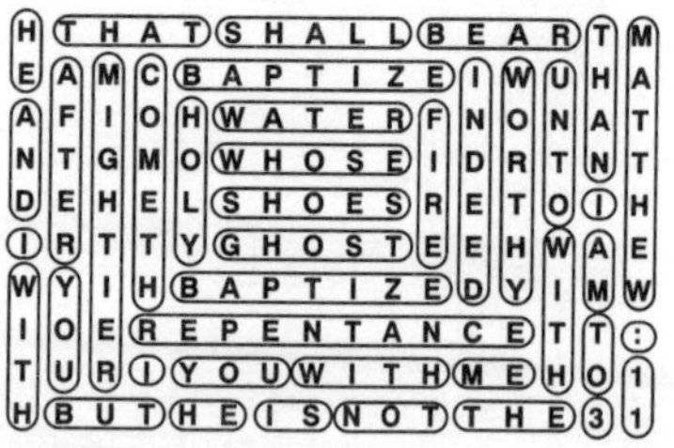

fig. 12

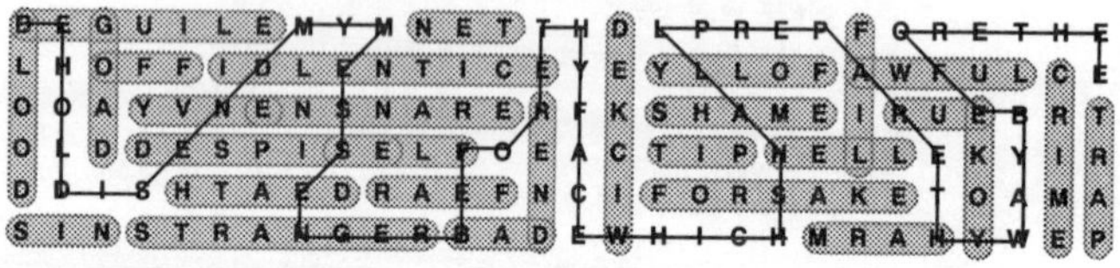

fig. 13

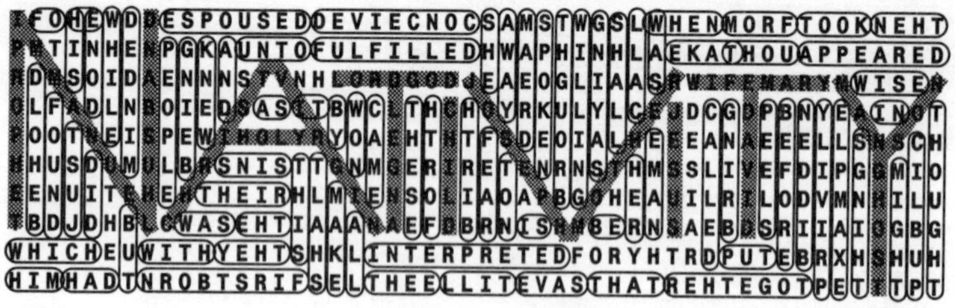

fig. 14

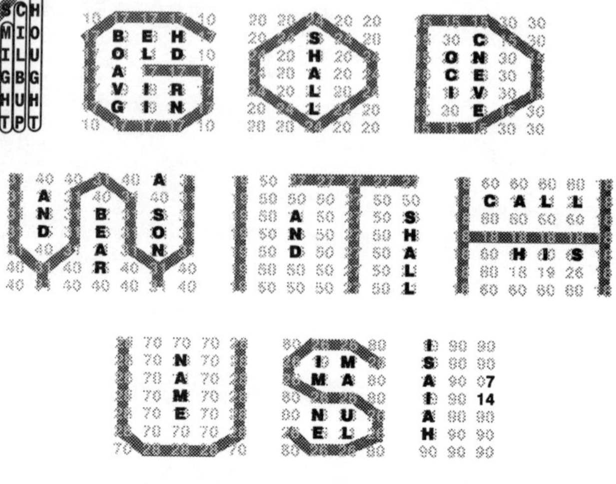

Week 14, John Heralds Jesus' Coming, page 23
See figure 10.

Week 14, Golden Text, page 22
See figure 11.
I indeed baptize you with water unto repentance: but he that cometh after me is mightier than I, whose shoes I am not worthy to bear: he shall baptize you with the Holy Ghost, and with fire. Matthew 3:11

Week 15, Jesus Affirms John's Message, page 24
JESUS WANTED JOHN TO SEE:
Blind receive their sight; lame walk; lepers cleansed; deaf hear; dead raised up; poor have the gospel preached to them.
JESUS ASKED WHAT THE MULTITUDES SAW:
Reed shaken with the wind; man clothed in soft raimant; prophet.
JESUS WANTED THE MULTITUDE TO SEE:
More than a prophet.
JESUS WANTS US TO SEE:
Verily I say unto you, Among them that are born of women there hath not risen a greater than John the Baptist: notwithstanding, he that is least in the kingdom of Heaven is greater than he. Matthew 11:11

Week 15, Golden Text, page 25
See figure 12.

Week 16, Jesus Is Born, page 25
See figure 13.

Week 16, Golden Text, page 26
See figure 14.

Week 17, The Wise Men Worship Jesus, page 27
See figure 15.

Week 17, Golden Text, page 28
See figure 16.

Week 18, Deliverance and Forgiveness, page 29
Arise, Blasphemeth, Coasts, Departed, Entered, Forgiven, Glorified, Hearts, Into, Jesus, Kept, Lying, Multitudes, No, Over, Possessed, Ran, Swine, Torment, Unto, Violently, Waters, Exceeding, Ye

Week 18, Golden Text, page 28
See figure 17.

Week 19, Jesus the Son of David, page 30
vs. 10-withered; vs. 11-fall, lift; vs. 13-restored whole; vs. 14-destroy; vs. 15-healed; vs. 20-bruised reed, break, smoking flax, quench, judgment, victory; vs. 22-blind, dumb, spake saw. And in his name shall the Gentiles trust. Matthew 12:21.

Week 19, Golden Text, page 31
It is lawful to do well on the sabbath days. A bruised reed shall he not break and smoking flax shall he not quench. Matthew 12:12, 20

Week 20, A Foreigner's Faith, page 32

JESUS
WORSHIPPED
BREAD

ANSWERED
WHOLE
CRUMBS
COASTS
BEHOLD
CRIED
DEPARTED
DISCIPLES
DEVIL
WONDERED

HELP
FAITH
WOMAN

Phrases: She worshipped him.
They glorified the God of Israel

MASTER'S
HOUSE
SPEAK
TYRE

DAUGHTER
GALILEE
GOD
LORD
MULTITUDE
FALL
BLIND
GREAT
CHILDREN'S

MOUNTAIN
TRUTH
SHEEP

DOGS
HOUR
SIDON

BESOUGHT
GLORIFIED

MAIMED
LOST
MERCY
ISRAEL
GRIEVOUSLY
HEALED

fig. 15

	1	2	3	4	5	6	7	8	9	10	11	12	13	14	15	16	17	18	19	20	21	22	23	24	25	26	27	28	29
A	R	E	J	O	I	C	E	D	M	A	R	Y	M	A	Y	C	H	I	L	D	O	V	E	R	Y	O	U	N	G
B	S	P	D	E	M	A	N	D	E	D	T	O	G	E	T	H	E	R	E	X	C	E	E	D	I	N	G	S	L
C	E	R	A	G	A	T	H	E	R	E	D	H	E	A	R	T	C	A	M	E	D	M	Y	R	R	H	T	C	A
D	A	I	P	D	K	I	N	G	T	I	M	E	P	R	I	V	I	L	Y	B	I	J	U	D	A	H	R	R	N
E	R	N	P	E					I						W					E	L					G	O	I	D
F	C	C	E	P		Y	E		S	W	C		H	E	O		L	O		T	I		M	E		O	U	B	M
G	H	E	A	A		B	O	R	N	A	H		C	J	R		T	O		H	G		B	Y		V	B	E	E
H	W	S	R	R					J	R	R		H	E	S					L	E					E	L	S	N
I	A	G	E	T	S	A	W		E	N	I		I	S	H		D	J		E	N			B	E	R	E	I	C
J	Y	O	D	E		W	E		W	E	S		E	U	I		O	O		H	T		G		A	N	D	S	O
K	A	D	E	D					S	D	T		F	S	P		W	Y		E	L		O	F		O	W	R	U
L	M	R	A	I	N	Q	U	I	R	E	D	H	E	R	O	D	N	O	W	M	Y	W	I	S	E	R	O	A	N
M	O	U	S	J	E	R	U	S	A	L	E	M	F	R	A	N	K	I	N	C	E	N	S	E	I	N	R	E	T
N	N	L	T	P	R	I	E	S	T	S	D	A	Y	S	P	E	O	P	L	E	O	P	E	N	E	D	D	L	R
O	G	E	A	L	L	L	E	A	S	T	S	T	O	O	D	R	E	T	U	R	N	P	R	O	P	H	E	T	Y
P	G	R	E	A	T	H	O	U	S	E	M	O	T	H	E	R	T	R	E	A	S	U	R	E	S	G	O	L	D

fig. 16

fig. 17

	1	2	3	4	5	6	7	8	9	10	11	12	13	14	15	16	17	18	19
20	F	O	R	G	I	V	E	N	S	E	E	I	N	G	S	I	N	S	9
21	J								T		F				C		O		P
22	E		T	H	Y		2		H		A	S		S	H		F		A
23	S			B	E				E		I	I		A	E				L
24	U		T	H	E		O		I		T	C		I	E		B		S
25	S		S	O	N		F		R		H	K		D	R		E		Y
26	G	O	O	D	U	N	T	O	T	H	E	E	M	A	T	T	H	E	W

fig. 18

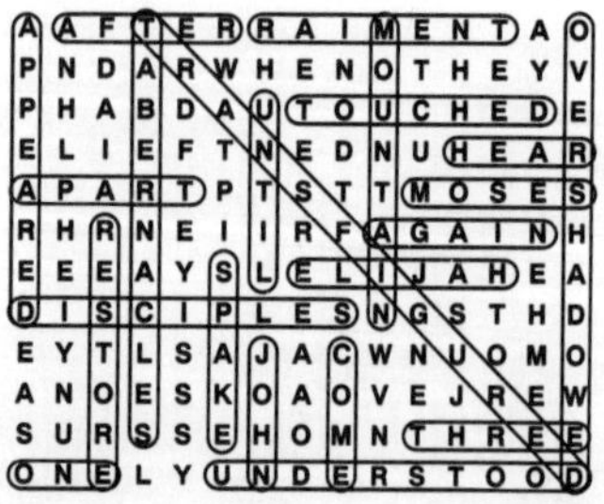

fig. 19

fig. 20

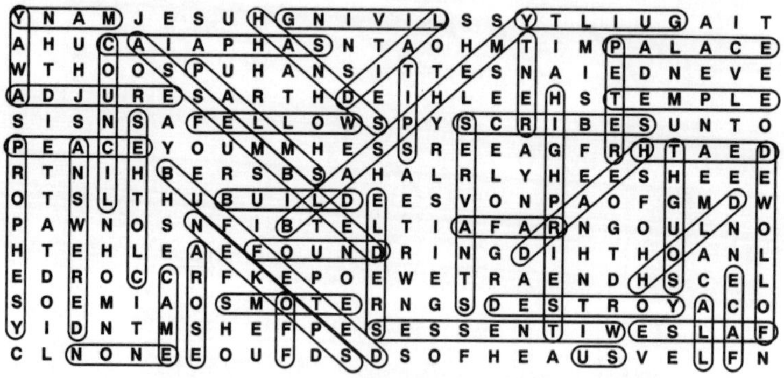

fig. 21

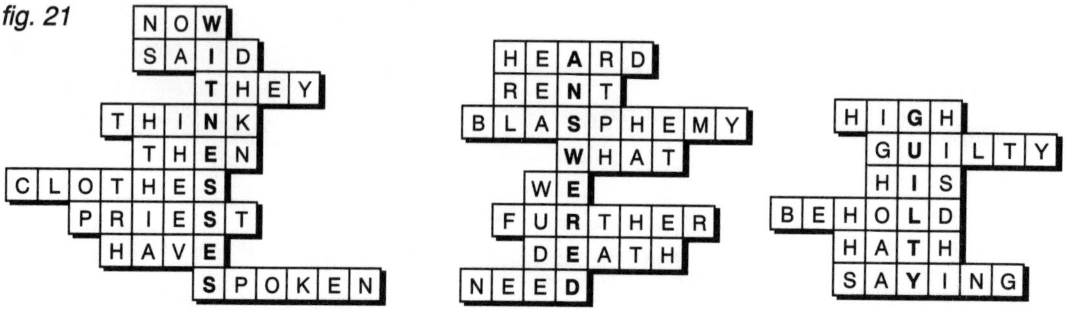

Week 20, Golden Text, page 31
Matthew 15:28

Week 21, Jesus Is Transfigured, page 33
See figure 18.
AND WHEN THEY HAD LIFTED UP THEIR EYES, THEY SAW NO MAN, SAVE JESUS ONLY.

Week 21, Golden Text, page 34
Matthew 17:5

Week 22, The People Proclaim Jesus the Son of David, page 35
Jerusalem, village, Lord, prophet, daughter, disciples, colt, garments, multitudes, city, Jesus, temple, child, rend, praise, hosanna

Week 22, Golden Text, page 34
Hosanna to the Son of David: Blessed is he that cometh in the name of the Lord; Hosanna in the highest.

Week 23, Jesus Institutes the Lord's Supper, page 36
See figure 19.

Week 23, Golden Text, page 37
This is my blood of the new testament, which is shed for many for the remission of sins. Matthew 26:28

Week 24, Jesus Is Rejected, page 38
See figure 20.
Unused letters spell: Jesus saith unto him, Thou hast said: nevertheless I say unto you, hereafter shall ye see the son of man sitting on the right hand of power and coming in the clouds of Heaven.

Week 24, Golden Text, page 37
See figure 21.

Week 25, Jesus Is Mocked and Crucified, page 39

1. THORNS
2. HAND
3. VINEGAR
4. SOLDIERS

5. MOCKING
6. STRIPPED

7. JEWS
8. READ
9. CASTING
10. CRUCIFIED
11. SCARLET

12. SITTING
13. HEAD
14. GARMENTS

15. KNEE
16. REVILED
17. DOWN
18. WAGGING

19. SMOTE
20. OFF

21. WATCHED
22. HIM
23. TEETH

24. JESUS
25. OVER
26. OWN
27. SPIT

Week 25, Golden Text, page 40

Thou that destroyest the temple, and buildest it in three days, save thyself. If thou be the Son of God, come down from the cross (Matthew 27:40).

Week 26, The Risen Christ Commissions Disciples, page 41

See figure 22.

Week 26, Golden Text, page 40

See figure 23.

Unused letters spell: GREAT COMMISSION SHOWS GOD'S LOVE TO THE WORLD.

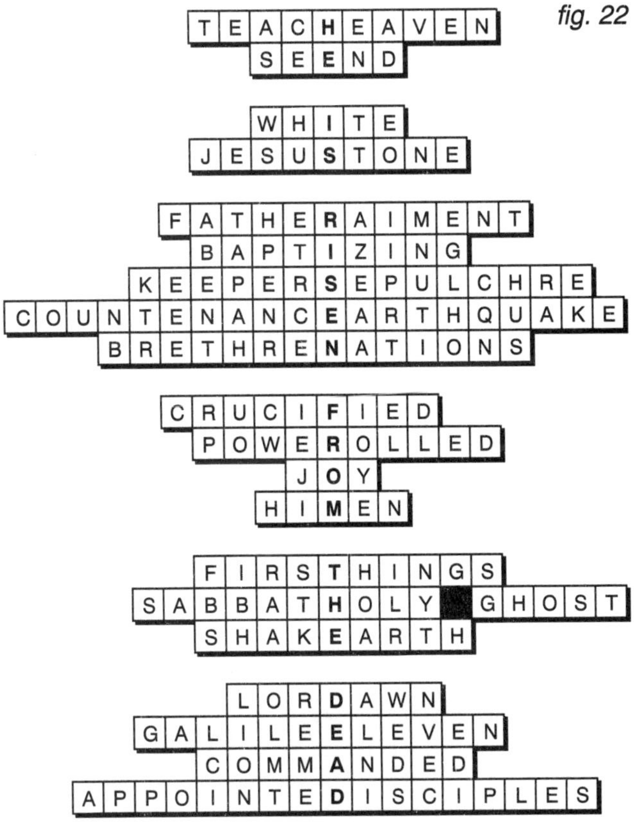

fig. 22

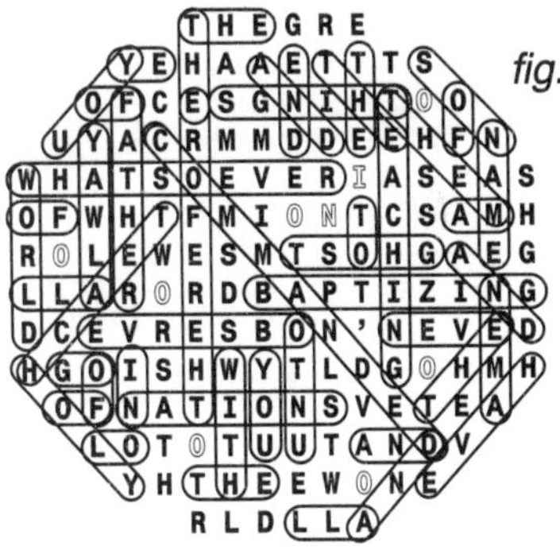

fig. 23

fig. 24

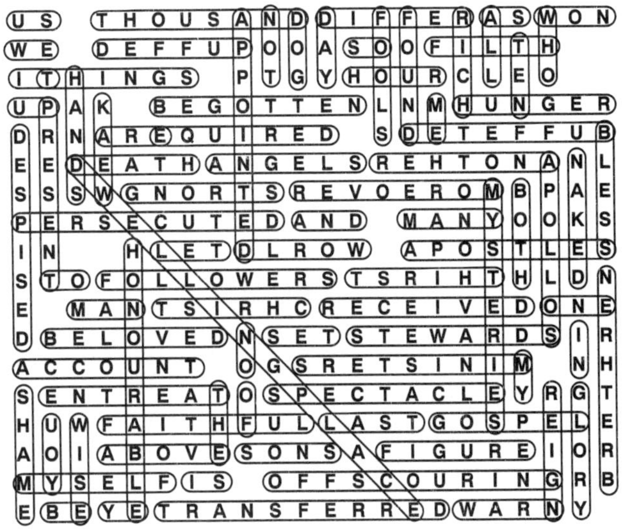

fig. 25

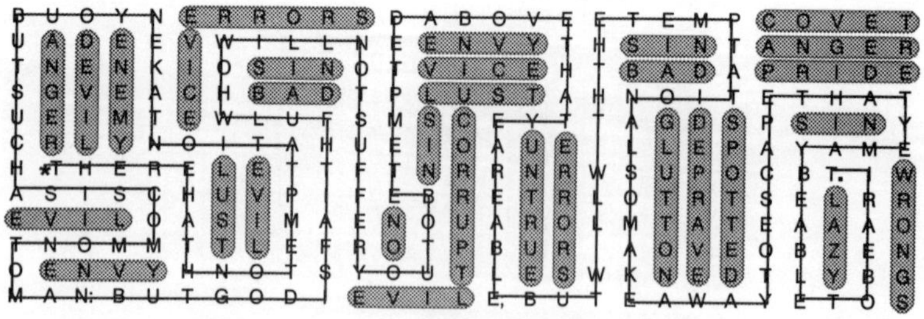

fig. 26

	a	b	c	d	e	f	g	h	i	j	k
1					H	I	M				
2				A	O	N	E	M			
3				L	H	L	M	A			
4				S	O	O	E	N			
5				O	L	R	M	Y			
6					E	D	B				
7					T	H	E				
8			P	G	O	D	R	E	A	R	
9		A	L	L	W	I	S	D	O	M	
10	B	Y	E	A	M	S	H	E	P	B	G
11	U	M	A	N	Y	C	A	D	E	A	E
12	T	A	S	E	Y	E	L	I	R	P	N
13	O	N	E	A	D	R	L	V	A	T	T
14	R	I	D	R	I	N	K	E	T	I	I
15	E	F	W	E	F	J	F	R	I	Z	L
16	J	E	W	S	F	N	A	S	O	E	E
17	O	S	A	M	E	G	K	I	N	D	S
18	I	T	W	O	R	D	I	T	S	I	B
19	C	A	N	F	E	I	N	I	U	H	O
20	E	T	H	A	N	D	T	E	F	E	D
21	M	I	R	A	C	L	E	S	F	A	Y
22	B	O	N	D	E	T	R	W	E	R	E
23	A	N	D	M	S	O	P	O	R	I	T
24		F	A	I	T	H	R	I	S	N	
25		M	A	N	F	R	E	E	E	G	
26		S	P	I	R	I	T	A	V		
27		M	R	S	K	G	A	N	E		
28		E	O	T	N	I	T	O	R		
29		L	P	R	O	F	I	T	A		
30		L	H	A	W	T	O	H	L		
31		I	E	T	L	S	N	E	L		
32		N	C	I	E	V	E	R	Y		
33		G	Y	O	D	F	O	O	T		
34		T	O	N	G	U	E	S			
35				S	E	T					
36				N	O	W					
37				S	A	Y					
38				N	O	T					
39			B	E	I	N	G				
40		C	H	R	I	S	T				

Week 27, Speaking the Truth Plainly, page 42

Six things not to trust in: vs. 1-excellency of speech; vs. 4-enticing words; vs. 5-wisdom of men; vs. 6-wisdom of this world; vs. 12-spirit of the world; 13-words which man's wisdom teacheth

Six things to know and have faith in: vs. 2-Jesus Christ and him crucified; vs. 4-demonstration of the spirit and of power; vs. 7-wisdom of God; vs. 9-things which God hath prepared; vs. 12-things that are freely given to us of God; vs. 13-which the Holy Ghost teacheth

The point: That your faith should not stand in the wisdom of men, but in the power of God.

Week 27, Golden Text, page 43

1 Corinthians 2:2

Week 28, Being Faithful Under Stress, page 44

See figure 24 (page 89).

Week 28, Golden Text, page 43

1 Corinthians 4:2

Week 29, Resisting Temptation, page 45

and did all eat the same spiritual meat; and did all drink the same spiritual drink; for they drank of that spiritual Rock that followed them: and that Rock was Christ . . . . the cup of blessing which we bless, is it not the communion of the blood of Christ? the bread which we break, is it not the communion of the body of Christ? For we being many are one bread, and one body: for we are all partakers of that one bread. we should not lust after evil things —neither be ye idolaters—neither let us commit fornication—neither let us tempt Christ—neither murmur ye—let him that thinketh he standeth take heed lest he fall—flee from idolatry—judge ye what I say (from First Corinthians ten)

Week 29, Golden Text, page 46

See figure 25.

Week 30, Dealing With Conflict, page 47

Examine yourselves whether ye be in the faith. Do that which is honest. We wish even your perfection. Paul 2 Corinthians

Week 30, Golden Text, page 46

2 Corinthians 13:11

Week 31, Building Up the Body, page 48

See figure 26.

Week 31, Golden Text, page 49
1 Corinthians 12:7

Week 32, Growing Through Worship, page 50
See figure 27.

Week 32, Golden Text, page 49
See figure 28.

Week 33, Being a Resurrection People, page 51
See figure 29.

fig. 27

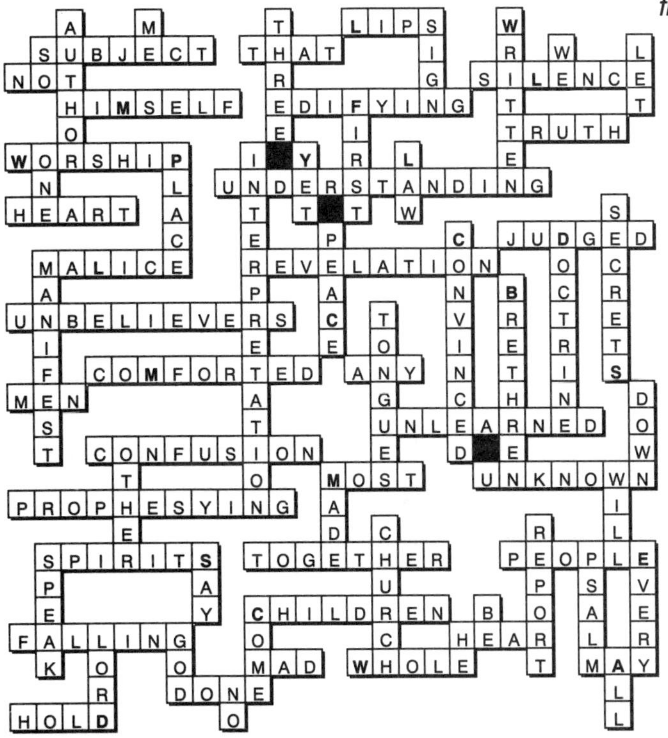

fig. 28

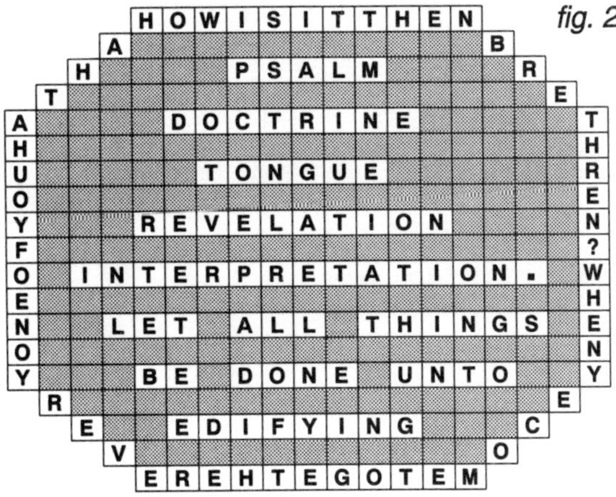

fig. 29

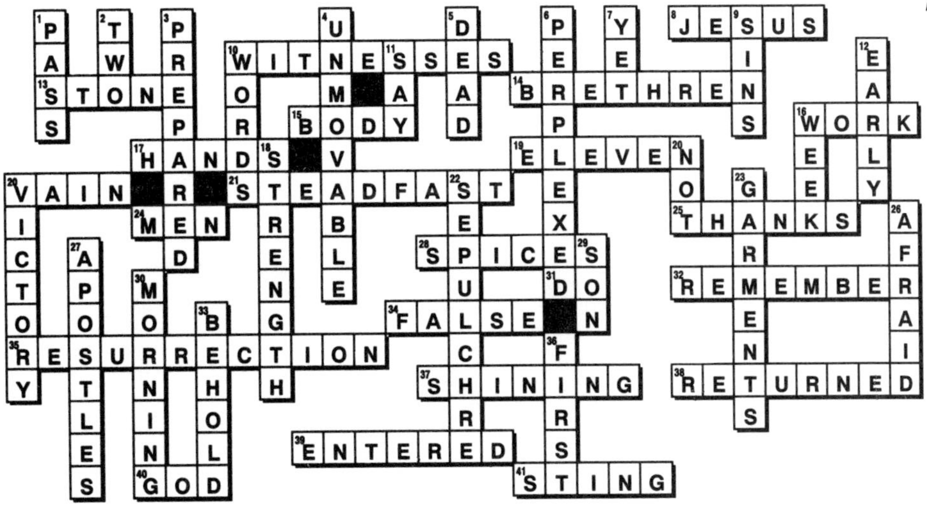

fig. 30

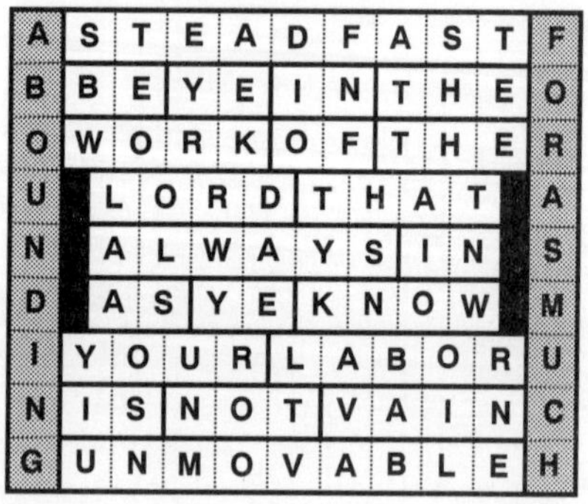

fig. 31

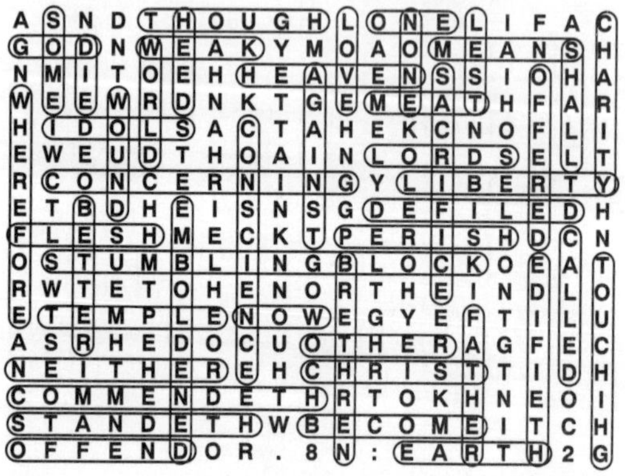

Week 33, Golden Text, page 52
See figure 30.

Week 34, Exercising Liberty Wisely, page 53
See figure 31.
Unused letters spell 1 Corinthians 8:2.

Week 34, Golden Text, page 52
1 Corinthians 8:9

Week 35, Caring for One Another, page 54
1-ABOUNDETH, 2-ABUNDANTLY, 3-ACKNOWLEDGE, 4-AFFLICTED, 5-COMFORTETH, 6-CONSCIENCE, 7-CONSOLATION, 8-CONVERSATION, 9-DELIVERED, 10-DESPAIRED, 11-EFFECTUAL, 12-ENDURING, 13-PARTAKERS, 14-REJOICING, 15-SALVATION, 16-SENTENCE, 17-SIMPLICITY, 18-SINCERITY, 19-SUFFERINGS, 20-TESTIMONY, 21-TRIBULATION

fig. 32

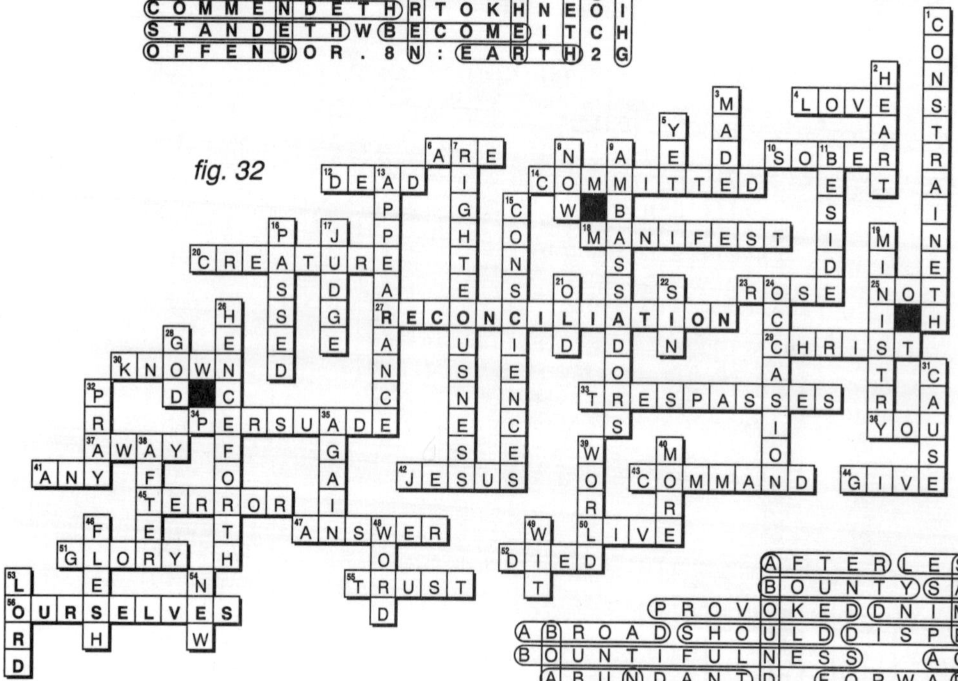

fig. 33

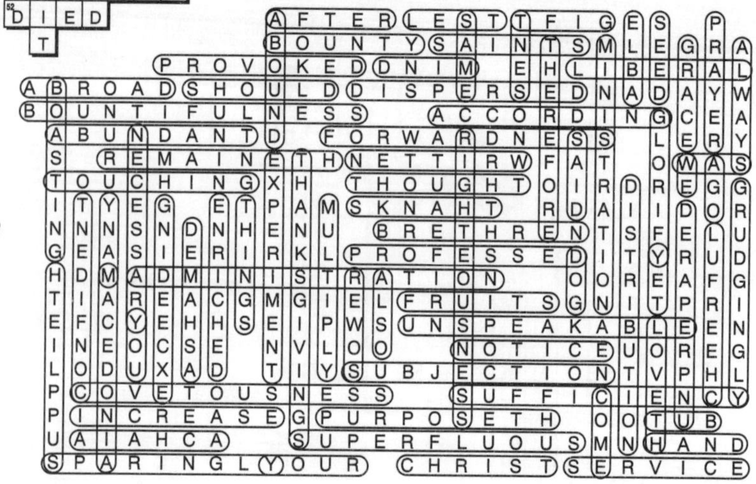

Week 35, Golden Text, page 55
2 Corinthians 1:3, 4

fig. 34

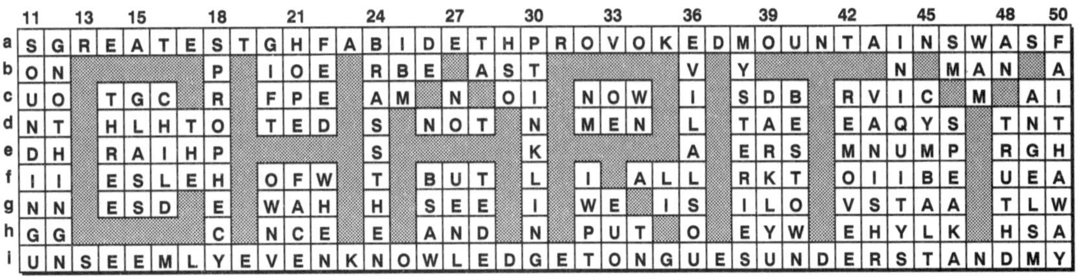

Week 36, Living in Christian Freedom, page 56
Am I not an apostle?; yet doubtless I am to you; Mine answer to them that do examine me; Have we not power; and as the brethren of the Lord; have not we power to forbear; Who goeth a warfare any time; I made myself servant; that I might gain; under the law to Christ; To the weak became I as weak; And this I do for the gospel's sake; So run, that ye may obtain; And every man that striveth for the mastery; therefore so run, not as uncertainly; I have preached to others.
Message: I am made all things to all men, that I might by all means save some.

fig. 35

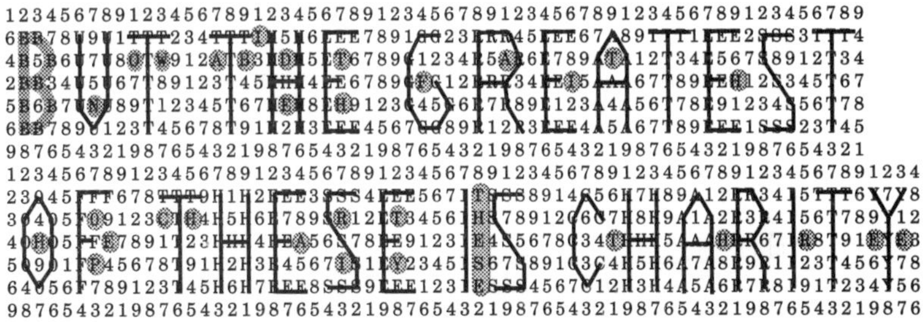

Week 36, Golden Text, page 55
1 Corinthians 9:19

Week 37, Working for Reconcillation, page 57
See figure 32 (page 92).

Week 37, Golden Text, page 58
2 Corinthians 5:18

Week 38, Sharing Blessings With Others, page 59
See figure 33 (page 92).

Week 38, Golden Text, page 58
2 Corinthians 9:6

Week 39, Expressing Love to All, page 60
See figure 34.

Week 39, Golden Text, page 59
See figure 35.

fig. 36

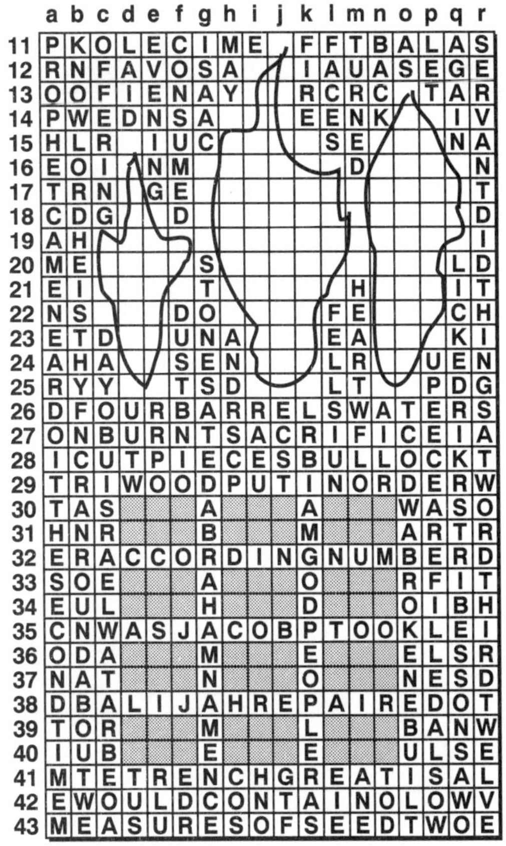

fig. 37

fig. 38

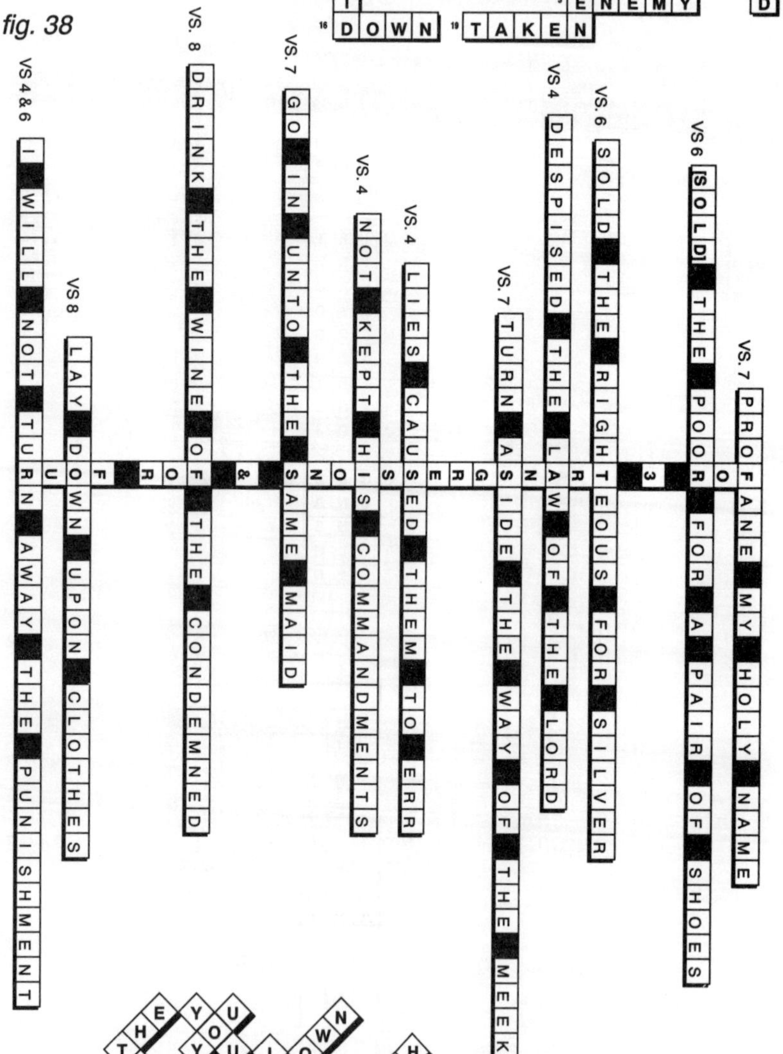

fig. 39

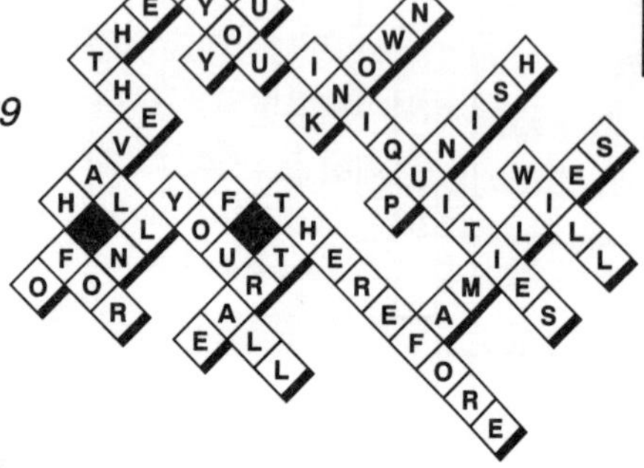

Week 40, When Power Is Misused, page 62
1 Kings 12:6-11, 16, 17

Week 40, Golden Text, page 61
1 Kings 12:7

Week 41, The Danger of False Religion, page 63
See figure 36 (page 93).

Week 41, Golden Text, page 64
1 Kings 18:21

Week 42, When Justice Is Corrupted, page 65
See figure 37.

Week 42, Golden Text, page 64
1 Kings 21:20

Week 43, A Day of Good News, page 66

W**O**RD
D**I**E
TE**N**TS
GOL**D**
FL**O**UR
T**W**ILIGHT
HOR**S**ES

RA**I**MENT
NO MAN

S**H**EKEL
BARL**E**Y
C**A**MP
SIL**V**ER
ASS**E**S
DRI**N**K

Week 43, Golden Text, page 67
2 Kings 7:9

Week 44, Condemnation for National Wrongdoing, page 68
See figure 38.

Week 44, Golden Text, page 67
See figure 39.

Week 45, A Call for Justice and Righteousness, page 69
See figure 40.

Week 45, Golden Text, page 70
Amos 5:24

Week 46, A Prophet Who Lived His Message, page 71
Hosea 1:2-9, 3:15
Afterward shall the children of Israel return and seek the Lord their God . . . and shall fear the Lord and his goodness in the latter days.

Week 46, Golden Text, page 70
Hosea 2:19

Week 47, God's Love for Israel, page 72

BAALIM
ANGER
CONSUME
KING
SON
LAND
ISRAEL
DESTROY
IMAGES
NOT
GOD

ASSYRIAN
BRANCHES
COUNSELS
DELIVER
EPHRAIM
FIERCENESS
GRAVEN
HEALED
INCENSE
JAWS
KINDLED
LOVE
MEAT
NONE
PEOPLE
REPENTINGS
SACRIFICED
TOGETHER
B**U**RNED
DE**V**OUR
S**W**ORD
E**X**ECUTE
YOKE
ZEBOIM

Week 47, Golden Text, page 72
Hosea 14:4

Week 48, Greedy Leaders Denounced, page 74
See figure 41.
Unused letters spell: BUT TRULY I AM FULL OF POWER BY THE SPIRIT OF THE LORD, AND OF JUDGMENT, AND OF MIGHT, TO DECLARE UNTO JACOB HIS TRANSGRESSION, AND TO ISRAEL HIS SIN.

Week 48, Golden Text, page 73
Micah 3:4

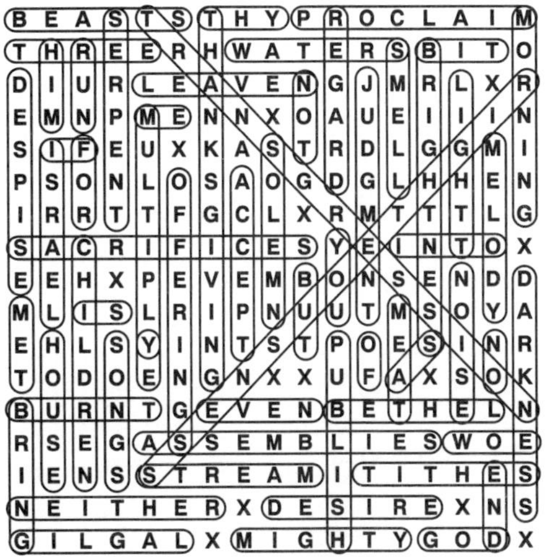

fig. 40

fig. 41

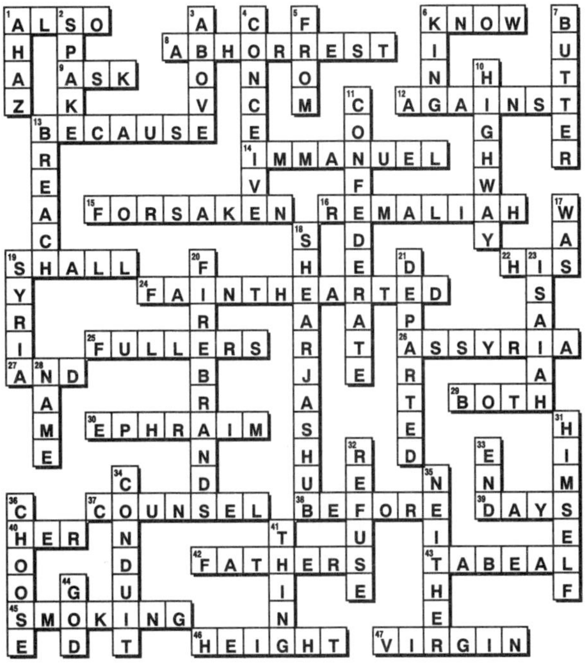

fig. 42

fig. 43

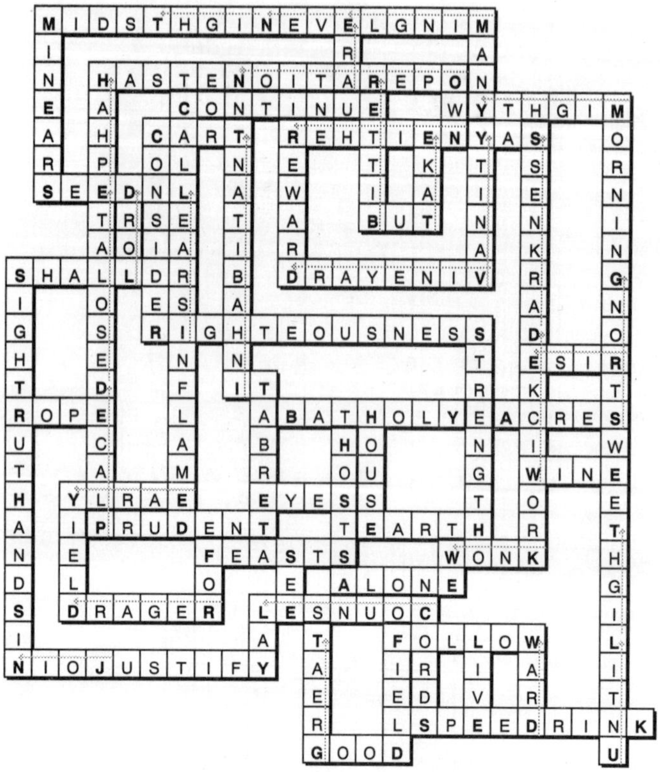

fig. 44

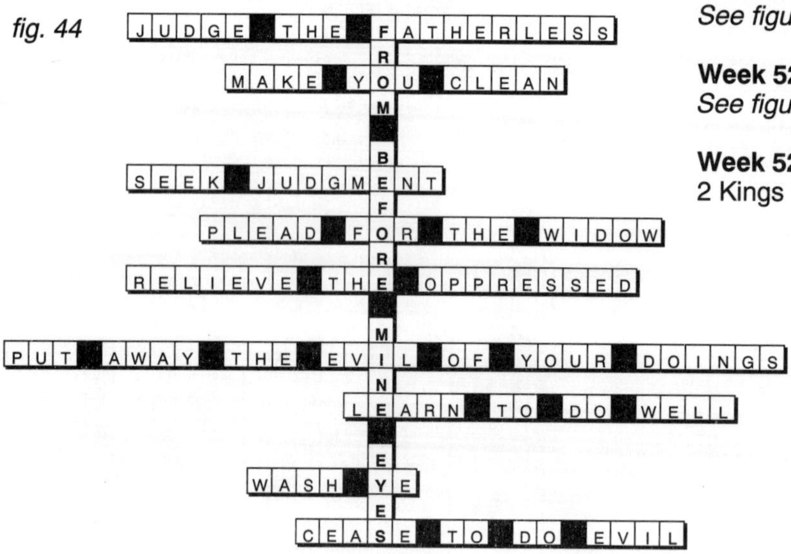

fig. 45

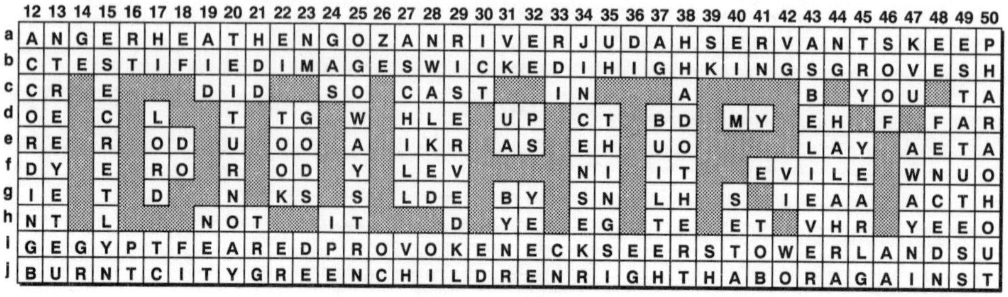

Week 49, Isaiah's Call and Message, page 75
D=16 G=18 J=24 K=21 M=13 Q=23 T=20 V=22 Y=4
Holy holy holy is the Lord of hosts, High and lifted up his train filled the temple. Wash ye, make you clean, live coal touched unclean lips, iniquity is taken away, sin purged, put away evil of doings, cease to do evil, learn to do well, seek judgment, relieve the oppressed, judge the fatherless, plead for the widow.

Week 49, Golden Text, page 76
Isaiah 6:8

Week 50, When Nation Is in Danger, page 77
See figure 42 (page 95).

Week 50, Golden Text, page 76
Isaiah 7:4

Week 51, Judgment Comes On Israel, page 78
See figure 43.

Week 51, Golden Text, page 79
See figure 44.

Week 52, The End of a Nation, page 80
See figure 45.

Week 52, Golden Text, page 81
2 Kings 17:13